自治体職員再論

人口減少時代を生き抜く

◆大森　彌／著

編集協力　自治体学会

ぎょうせい

はじめに

大森彌先生に講師をしていただいた10時間巡回集中講義「自治体職員論」は、2013年9月から2015年1月に東京都、京都市、佐賀市、青森県おいらせ町、島根県川本町で開催されました。自治体学会事業部会で企画して、各地の自治体学会会員の協力をいただいて実施したものです。

最初の4か所の講義の評判も良く、先生にお願いして更に1か所開催地を公募させていただきました。3件手が上がりました。人口37万5、000人と34万5、000人のセミナーなどの実績も多い2つの中核市の職員グループと人口3、400人の島根県川本町の職員からです。川本町の人口は他の2市と比べると100分の1です。私たち事業部会は集客能力も高く活動経験も豊かな中核市の職員グループのいずれかの提案が選ばれるものと考えていました。しかし、大森先生が選んだのは人口が少ないうえに、交通も不便な川本町でした。とても驚いた結果でした。

私は開催地決定の通知を次のようにしました。

「大森彌先生の長時間セミナー第5弾の開催地が決定しました。3件の応募をいただきましたが、大森先生のご判断により開催地は島根県川本町に決まりました。

大森先生は中山間地の小さな町の役場職員が、勇気を奮ってセミナーの開催に手を上げた心意気に応えられようとしたのだと思います。大森先生の衰えをしらない熱い情熱にふれた思いです」。

大森先生の自治体職員に寄せる熱い思いには驚くばかりです。自治体の現場に寄り添い、自治体職員を鼓舞し続けてきました。終始一貫した先生の熱い思いに、どれだけ多くの自治体職員が勇気づけられてきたことでしょう。

長時間セミナーを企画した意図は、大森先生の情熱を学び、自治の現場で働く意義や価値を覚醒しようとするものです。地域社会の問題は深刻になるばかりです。自治体職員は問題に正面から向きあい対峙しなければなりません。住民の自治体職員批判は、必ずしも問題を解決できないからではありません。問題から目を逸らし、逃げようとするから批判されるのです。

第1回の集中講義は東京で開催されました。そこで私は次の開催挨拶をさせていただきました。

「全国各地から熱意溢れる皆さんに、大森先生の自治体職員論を学ぶ自治立志塾にお集まりいただきました。心から感謝申し上げます。

財政危機、少子高齢化など日本は大きな転機の中にあります。そこに大震災・原発事故が起き、日本の復興の道が問われています。

経済成長の時代には拡大するパイの力で地域社会の問題解決を目指してきたといえます。霞が関から補助金をもらって、道路や下水道事業などのインフラ整備を進める。お金が地域社会に流れる。お金の力は大きいですから、その力で地域社会の様々な問題が解決されていく。そうしたモデルで行政運営されてきたのだと思います。

しかし、経済成長にすべてを期待する時代は終わりました。資源を浪費する従来型の経済成長は、有限な地球環境の制約の中で持続可能性はありません。日本のみならず世界が新たな問題解決のモデルを求めています。

震災にあっても略奪が起きない日本に世界は驚きました。日本には他者を思いやり、助け合うDNAが今も生き続けています。日本にしかできない、世界を先導する再生の道があるのだと考えます。

これからは地域で真剣に話し合い、皆で力を合わせて、心を合わせて、深刻になっていく地域社会の問題に立ち向かっていくほかありません。苦労はあるでしょう。しかし、そこには助け合う真の豊かさが、毅然とした自治の生きざまがあります。

日本の再生はGDP世界第2位に復活することではありません。助け合う自治の精神と環境負荷の少ない経済が合わさって、新しい、世界から尊敬される日本をつくり出していくこと、ここに私たちが目指すべき新しい目標があるのです。

これからは自治の時代です。自治なくして、市民自身が本来持っている高い問題解決能力を発揮することなくして、困難になる一方の地域社会の問題解決はできません。

自治体職員の役割は根本的に変わったのです。

霞が関の補助金に頼り、霞が関の指示するままに仕事をする。そんな時代ではありません。自治体職員は地域住民とともに、住民が本来持っている高い問題解決能力を発揮するコミュニティをつくり、困難になる一方の地域社会の問題解決にまい進していくのです。

大森先生は、自治の現場に寄り添い、自治体職員に熱いメッセージを送り続けてこられました。その大森先生から自治体職員の使命・ミッションをしっかり学び、地域での実践につなげていきましょう。

このセミナーが自治の息吹を巻き起こす熱い起点となっていくことを心から願っています」。

自治体の現場は大変です。人員は減る、金はない、地域社会の問題は深刻になるばかりです。しかし、そこにチャンスがあります。

解決策は住民が本来持っている高い問題解決能力を発揮することにあります。自治の力、住民の力を発揮すること。従来の施策の惰性で住民をサービスの客体ととらえていては、いつまでたっても問題は解決されず、自治体の仕事は困難の度合いを高めていくばかりです。仕事の進め方を変える。住民とともに深刻な問題に立ち向かう。そこに自治体の新たな未来があります。

大森先生が自治体職員のロールモデルに取り上げているのは柳川の堀割を再生した柳川市職員・廣松傳さんです。廣松さんの活躍は、映画『柳川堀割物語』で見ることができます。水路に首までつかりながら浄化に取り組む廣松さんの姿は神々しささえ感じさせます。地域社会の問題解決に住民とともに全身全霊をかけて立ち向かう。私たちの目標です。

大森先生は繰り返し、廣松さんの名言を紹介されています。

「私は、全国の行政関係者に訴えたい。真に優れた地域施策とは、地域に根差した施策である。それは、地域の土地・風土・人びとの生活を理解することからはじまる。……プランニングに机は要らない。必要なのは足と耳と、土地の人と対話する耳と口、そして何よりも土地の人の気持ちになりきるこころである」。

自治体職員の理想の姿です。私たちもかくありたいと願わずにいられません。

講義の最後に大森先生は自治体職員に檄を飛ばしています。

・難題にこそ取り組む職員であれ
・人口減少時代の地域を守り通す職員であれ

地域の問題は深刻になるばかりです。しかし、困難の中でこそ真価が問われます。困難から逃げて成長する人間などありはしません。困難に立ち向かうことで自治体職員の人生を貫けと、期待を込めて熱く呼びかけているのです。

深刻な地域問題を解決することは容易ではありません。その問題解決のためにこそ自治体学会はあるのです。自治体学会は地域問題解決のための研鑽と交流の場です。

自治体学会は広い分野で第一級の専門家が集まっています。自治体現場の問題解決の力になりたいと考えて参加しているのです。そして自治体職員中心の学会ですので、自治体職員が参加しやすい特性を持っています。

地域の問題を持って自治体学会に参加すると、道は開けます。問題解決の力になりたいと考える多くの専門家が手弁当で参加して、地域の課題が提起されることを待っているのです。

解決できない問題はないのです。大切なことは、問題を正しく認識して、解決のための政策を立て、熱意をもって、できるまでやり抜く執念を貫くことです。自治体職員と自治・まちづくりの専門家をネットワークする自治体学会は自治体職員が地域問題に挑戦する支えなのです。

大森先生は長く自治体学会とともにあり、代表運営委員として発展のために力を尽くしていただきました。自治体学会は大森先生の自治体職員への熱い思いを体現しています。是非とも自治体学会に参加いただき地域問題の解決と自治体職員の自己実現の道を拓こうと訴えます。

２０１５年７月７日

自治体学会代表運営委員
中島　興世

目　次

第3講　地域観と自治体職員―――――97

第5講　人事管理と職員の働き方――159

V　行政の運営と職員の働き方・204

講義を終えるに当たって――236

あとがき

開講に当たって

開講に当たって、この講義で何を皆さんに伝えたいのか、そのエッセンスのようなものをお話ししておきたいと思います。

自治体職員への問いかけ

どこかの自治体の職員である、あなたへの質問です。

「今のようにものを感じ、考え、行動しているあなたは、自治体の職員として真っ当ですか？」

この自問自答を習慣にして、定年まで自己形成を止めない自治体職員を、どのように育て、激励し、評価するかが、自治体職員論の基本問題ではないかと考えてきました。

「今のようにものを感じ、考え、行動している」自分を、意識し、問い直すのは、一種の自己形成作業です。今までも、今も、これからも、自治体職員に求められているのは、この自問自答なのです。

この問いに自信を持って答えられる職員であるかどうか、そのことがあなたに問われているのです。

しかし、どうして、こんな問いが重要なのか、どのように感じ、考え、行動すれば、自治体職員として真っ当なのか、そもそも真っ当とはどういうことなのか、疑問が湧いてくると思います。あるいは逆に、自己形成などと難しい抽象的なことをいわれても困るし、だいいち、日々の仕事には役立ちそうにないな、という反論が返ってきそうです。もっともです。それらのことを含めて、自治体職員にとって、今何が大切なことなのか、一緒に考えていこうではありませんか。

「明日を創る挑戦市役所」

「今のようにものを感じ、考え、行動している」自分を自治体職員として真っ当か、という問いかけは、実は私の独創ではないのです。

縁あって、私は、１９８７（昭和62）年からずっと、北九州市の「新規採用職員研修」の講師を務めてきました。４月１日に入庁式が済んだ後、新たに採用された職員が一堂に会した場所で、「自治体職員に求められるもの」と題する講演を行ってきました。既に28年も続いていますので、全国でも珍しい例だと思います。

この研修の講師を引き受けたこともあり、１９９０（平成２）年には、「北九州市職員研修見直し委員会」の顧問を仰せつかり、改善・改革案（「『明日を創る挑戦市役所』をめざして」）をまとめ、末吉興《すえよしこう》一《いち》市長に報告をしました。1963（昭和38）年に、門司、小倉、戸畑、八幡、若松の5市が合併し、政令指定都市・北九州市が誕生しました。市は、かつて石炭と鉄で栄華を誇っていましたが、私が講師を引き受けた頃は、「鉄冷えの街」「公害の街」といった暗いイメージが強く、危機にある百万都市のまちづくりを担い得る市役所像を模索していました。それまでの内部志向・現状志向・消極志向・管理志向の組織風土を市民志向・未来志向・積極志向・人材志向へと大きく変革しようと、市役所・職員の目標を「明日を創る挑戦市役所」と定めました。その行動指針が「市役所から飛び出し、もっと感じます、もっと考えます、もっと行動します。」だったのです。感性・思考・行動の力は、北九州市役所の職員を超えて、全国の自治体職員に問われている課題ではないかと考えました。

黒澤明の映画『生きる』

ところで、今でも自治体職員を感動的に描いた映画として名高いのは、監督・黒澤明《くろさわあきら》、出演・志村《しむら》喬《たかし》の『生きる』ではないでしょうか。1952（昭和27）年の作品です。自治体職員になろうとする人、あるいはなった人なら、今でも必見の映画といってよいでしょう。今日では、そのDVDが簡単に手に入ります。

主人公の渡辺勘治（男優・志村喬の役）は市役所に勤める初老の男。市民課長ですが無気力な日々を送っている、どこにでもいる地方公務員です。ところが、ある日、ガンであと半年の命と知らされ、恐れ慄《おのの》き、夜の街を遊び歩きますが、虚しさだけが残り、市役所の職員として真っ当に生きることを決心します。市役所に公園づくりを懇願する住民（女性たち）にこたえて、命ある限り自分で出来得ることを必死に始めるのです。動きの鈍い役所の意思決定を粘り強く動かし、ついにその努力は結実します。完成した市民公園で、雪がはらはらと舞い落ちる夜、ブランコをゆっくりと漕ぎながら、『ゴンドラの唄』を口ずさみます。「命短し　恋せよ乙女…」と。何かをやり遂げて死ぬ人間の最期の充実感を描いて、この１４３分の映画は終わります。

主人公渡辺と職場の有様は、市役所の同僚たちがお通夜の場で、生前の故人の行動を再現していく手法で描かれます。その様子を見て「今でも全然古びてない」とか「役所は、あまり変わってないな」ということであれば、半世紀以上も経っているにもかかわらず、この映画のリアリティは失われてないことになります。

市民課長・渡辺勘治は、ガンに侵されたことを知って、「今までのように感じ、考え、行動してきた自分」を市役所職員としては真っ当ではないと思ったのです。その日その日を、無事無難が何よりと考え過ごしていては、真っ当な仕事はできないと考えたのです。公園づくりのための沈滞した役所の中に「事を起こす」のです。同僚たちは、そのことに気付くのですが、「事起こし」はトラブルですから、渡辺亡き後、結局、役所は反住民的ともいえる無事無難のご都合主義から抜け出してはいかないのです。

自治体職員でなくとも、自分の仕事の目標を見失いそうになった時、手を抜いて楽をしそうになった時、保身のエゴが頭をもたげ始めた時、『生きる』は、「脚下照顧」の価値をもっているかもしれません。

この講義のねらい─「自分との出会い」を

私は、自治大学校など職員研修等の場で自治体職員に講義・講演をしてきましたが、自治体行政の実務者に対して、行政実務の経験のない大学教師が話すのですから、いつも汗顔ものなのです。誤魔化し、知ったかぶりが効かないからです。現役を退いてからも同じです。特に自治体学会の会員でもある自治体職員の皆さんに対して自治体行政について語るには「蛮勇」が必要なのです。もちろん蛮勇があっても内容が伴っているとは言えませんが。

これから、「自治体職員再論」と銘打って講義をするのですが、私がお話しすることは、ほとんど皆さん方が知っていることです。実務家の皆さんに私が教えることなどないのです。私は自分の見聞に基づいて大切だと思うことを語るのですが、それが皆さんの「自分との出会い」に少しでも役立つならば、と考えてのことです。私が、このように考えるようになったのには、きっかけがありました。

私が愛読している小説に隆慶一郎《りゅうけいいちろう》さんの作品があります。隆さんの時代小説は、決まった土地や家を持たずに全国を放浪して一生を終えた人、さらに、海人・山人・運送業者など、こうした一連の自由人たちの眼で歴史を観たらどのように異なって見えてくるかという歴史観に立って、歴史上の人物の器量と命運をダイナミックに描いています。その隆さんのエッセイ集に『時代小説の愉しみ』（講談社文庫、1994年）という作品があり、その中に「失われた名演説」という一文があるのです。

隆さんは1948（昭和23）年に東大の仏文科を卒業しましたが、同年は辰野隆《たつのゆたか》先生の停年退官の年に当たっていたそうです。先生の最終講義が終わると、弟子代表として小林秀雄《こばやしひでお》さんが挨拶に立ちました。「失われた名演説」とは、その時の数十秒の挨拶のことです。小林さんは「真の良師とは弟子に何物かを教える者ではない、弟子をして弟子自身にめぐり会わせる者である、とは、周知のようにソクラテスの言葉であるが…」といわれたが、そこまでで、「今日のために色々考えて来たのですが、急に胸が一杯になって話すことができなくなりました。これで勘弁してください」といって席に戻ってしまったというのです。

ここで、小林さんが「周知のように」といっているソクラテスの言葉の出処は分からないのですが、「真の良師とは弟子に何物かを教える者ではない、弟子をして弟子自身にめぐり会わせる者である」とは、教師たる者の座右の銘として忘れてはならないと感得しました。この講義が自治体職員である皆さんを自分自身にめぐり会わせることができれば、と考えているのです。

決定的に重要になるのは本人の覚醒・自覚ですから、本人が自分に「出会う」以外に自分を高め豊かにすることはできないのです。「出会い」と対照的な言葉が「行きずり」であるとしますと、本人が自分との関係を「行きずり」ではなく「出会い」にするには、自己意識を強め、自己表象能力を高め豊かにすることが不可欠なのです。自己表象能力が未開発で弱ければ、つまりボーッと暮らしていれば、ある意味では幸せかもしれません。自分と出会えば、自分が今のように感じ・考え・行動しているのはなぜか、そうした自分が自治体職員としていかに至らないか、いかに貧弱であるかに気付き、悩みも増えるかもしれません。まして、そういう自分を変えようとして頑張り、周囲にも働きかけようとすれば、「行きずり」で暮らしている人たちからは疎んじられ、不幸になるかもしれない。事実、そういう職員も少なくなかったのです。

私は、自治体職員の職場外研修では、せめてこうした意味で「不幸」になろうとする職員を一人でも多く生み出すことではないかと考えるようになったのですが、言い過ぎかもしれません。さらに、口幅《くちはば》ったいことを付け加えれば、自治体行政の現場の不幸は、自分との出会いを忘れ「不幸」になろうとしない職員が少なくないことではないかとも考えるのですが、どうでしょうか。どこか表情に憂のある自治体職員に出会いますと、「ああ、この人、魅力的だな」と、つい思ったりするのです。

第1講

自治体職員になるとは、どういうことか

Ⅰ　職員は首長（執行機関）と議会（議事機関）の「補助機関」

自治体職員になることは、どういうことなのかを、自治体職員に関する基本制度との関係で概説することから講義を始めたいと思います。

法人としての自治体

地方自治法（以下、自治法）は、「地方公共団体は、法人とする。」と規定しています。地方公共団体は、その名と責任において事務を処理するという意味ですが、法人自体は観念的存在であるため、実際には、機関を設け、自然人、生身の人間をその機関の職に充てて事務を処理させなければなりません。首長（法律用語は長）は法人としての自治体の執行機関、議会はその議事（議決）機関とされ、職員は、その執行機関と議事機関の「補助機関」とされています。これらの意味を考えてみましょう。

機関になるとは

自治体の機関には、法律により、一定の権限と責任が割り当てられています。その割り当ての範囲内で機関が行った行為の効果は、機関自体ではなく当該自治体に帰属します。このように、機関の行為の効果が当の機関に帰属しないことを「機関には人格がない」といいます。機関になるということは非人格化することなのです。生身の人間を機関としながら、その機関には人格がないということはすぐには理解しにくいですね。

人格（キャラクター、パーソナリティ）とは、一般には、DNAの生得という要因と後天の環境的要因とそれらの相互作用によって発展的に適応的に形成されるものと考えられています。男女の区別、体質・気質、顔つき・体つきはもとより、感性・知力・意思、言葉遣い・表情・仕草など、十人十色であり、一人として同じ人格はいません。

ある人物が法人としての自治体の機関になっても、生身の人間であることをやめるわけではありません。しかし、機関になるということは、ある職務の遂行者になるということなのです。職務を媒介にして人格は機関に転換するといえます。生身の人間が、一定の職務を担う部分的な職能人になるのです。したがって、一定の職務を適切に遂行する限り、その遂行者が誰であってもよいわけです。しかし、実際には、誰であるかによって職務遂行の質（段取り・速度・達成度など）が異なってきます。職務を媒介にして人格は機関に転換するといっても、現実には人格の影響を排除できないのです。

もちろん、機関になれば、自由気ままな行動は許されなくなり、機関に与えられた責務を誠実に遂行しなければなりません。機関として行動するためには、生身の人間としての自己抑制・自己規律が不可欠になります。もし徹頭徹尾、機関としての行動に専念させようとするならば、職務の範囲、内容、手続を細かく標準化し、適合か逸脱かの判定を行いやすくしておかなければならないはずです。しかし、実際には、それは容易ではないのです。職務の遂行に人格が滲《にじ》み出てくるのです。

二元的代表制と職員の任務　自治体には執行機関と議事機関が置かれていますが、この２つの機関が、どちらも直接公選となっています。ということは、この２つの機関のみが民主的正統性を持っていることを意味しています。民主的正統性とは、選挙を通じて住民の一般的支持を獲得し自治体の正式の意思決定を行う権限を有していることをいいます。職員はその権限行使を補助する役割を担っているのです。

自治体における大部分の職員は、首長の「補助機関」になっています。執行機関の職員です。議会事務局に配属されている職員は、議会の「補助機関」として仕事をしています。それぞれに配置されている「補助機関」たる職員の任務は、各機関が行使する権限と両者間の関係によって規定されています。

執行機関の職員は執行機関の任務遂行を補助するのですから、事務事業の実施にかかわる仕事が本務です。仮にこれを「行政」と呼べば、職員は「行政」だけを行っているかといえば、そうではないのです。広く政策形成の活動も行っているのです。執行機関の補助機関としての職員は特にそうです。どうしてなのか。

それは、自治体の執行機関（以下、主として首長）の権限に関係しています。自治法第１４８条は、「普通地方公共団体の長は、当該普通地方公共団体の事務を管理し及びこれを執行する。」と規定していますが、第１４９条は「普通地方公共団体の長は、概ね左に掲げる事務を担任する。」とし、「議会の議決を経べき事件につきその議案を提出すること」「予算を調製し、及びこれを執行すること」などを挙げています。自治体では執行機関である長が議案の作成や予算の編成を行っているのです。

また、第１２１条では、普通地方公共団体の長は、「議会の審議に必要な説明のため議長から出席を求められたときは、議場に出席しなければならない。」とされています。これは、議会の権限についての規定であって、首長が議会の審議に参加する権限を規定しているものではありません。その証拠に、「ただし、出席すべき日時に議場に出席できないことについて正当な理由がある場合において、その旨を議長に届け出たときは、この限りでない。」としていますし、その第2項では、議会の議長が首長等の議場への出席を求めるに当たっては、「執行機関の事務に支障を及ぼすことのないよう配慮しなければならない。」としているからです。しかし、実際には、首長は、自分が編成した予算案や立案した条例案等について説明し答弁するため議会の審議に加わることができるのです。むしろ、実際には首長等が出席するのが常態となっています。

このような執行機関の権限と慣例によって、その補助機関である職員は、そのための準備に当たらなければなりませんから、自治体の政策形成活動を分担しているのです。政策形成とは、政策課題の発見・提起、政策課題に関する調査・分析、政策課題解決策の企画・立案をいうとすれば、自治体の職員には、こうした一連の政策形成能力が制度上求められているといえます。

ところで、自治法第96条は、「普通地方公共団体の議会は、次に掲げる事件を議決しなければならない。」とし、「条例を設け又は改廃すること」「予算を定めること」「決算を認定すること」などを規定しています。もちろん、議会が自ら議決すべき事案を企画・立案することはできますが、従来、議決案件の企画・立案は執行機関が行っているため、議会は、執行機関が提案した議決案を審議・決定するという意味で「議決機関」と呼ばれています。したがって、議会事務局に配置されている職員は、議会活動を補助することになるため、幸か不幸か、執行機関に配置されている職員に求められているような政策形成能力の有無を問題にされることはあまりないのです。最近は、議会改革の一環として議会が自ら政策条例を立案しようとするケースもあり、議会事務局職員の任務に変化が起ころうとしていますが。

地方からの知的うねり

ある頃まで、自治体職員の政策形成能力などということは議論されなかったのです。それが、環境変化によって、制度に組み込まれている政策形成という自治体職員の任務が顕在化したのです。

自治体学会との関連でいえば、１９８６（昭和61）年5月23日に、横浜で自治体学会設立総会・記念シンポジウムが開催されましたが、その日の『毎日新聞』の夕刊で、私は、「『地方』からの知的うねり―『自治体学会』発足に寄せて」として、次のように書きました。少し長めですが、当時の雰囲気を伝える資料として紹介しておきたいと思います。

第二臨調とその後の行革審の答申をうけ、歳出削減を眼目とする行財政運営合理化の圧力が自治体に押しよせ、土地利用における民間規制の緩和策や機関委任事務における裁判抜きの代執行制度の導入策といった自治体にとって簡単に受け容れがたい行革提案もなされている。この中央からの再編成の動きが自治体内に重苦しい雰囲気をもたらしているのは事実である。

しかし、こうした情勢をはねかえすかのように自治体の固有職員の新たな政策的自立をめざす動きが台頭し、それが「自治体学会」の設立に結実することになった。

経済成長の鈍化と財政逼迫が一時的に中央地方関係の「均衡」を中央統制へシフトさせることは一般にみられる現象である。それが自治体にとって厳しい試練であることは間違いないにしても、高齢化、情報化、国際化等の巨大な諸変化に対処しつつ、地域と住民の現場をあずかる自治体は停滞などしてはいられないのである。地方自治を擁護し発展させるという基本視点にたてば、自治体学会の創設をもたらした動きこそ注目する必要がある。それは、自治体とその職員の意識と実力を示す戦後における重要な到達点であり、二十一世紀へ向けて新たな地方自治の可能性を拓いてゆく羅針盤になると考えられるからである。

自治体職員を中核とする学会創設の背景には自治体職員による「政策研究」のうねりがある。「政策研究」という言葉は自治体職員と結びつくことによって独特の響きをはなちはじめたといってよい。自治体職員による「政策研究」とは、職員が、一度、現任の組織と仕事から離れ、しかし現場・現地主義を基本に、それぞれの自治体が直面している政策課題を解明し、その解決方向を提示する活動を意味している。この活動が注目に値するのは、従来、自治体にとって「政策」は上から与えられるもの、「研究」は自治体職員には無縁のものと考えられる傾向があったが、この固定観念を打破する発想と成果を示しつつあるからである。

首長と議員を住民が直接選挙する自治体は、その住民に対して責任をとる政治行政の基礎単位、すなわち地方政府（憲法第八章「地方自治」の英語表記がローカル・セルフ・ガヴァメントであることを想起）である。自治体が単なる地方団体あるいは行政体ではなく「地方政府」であるということは、自らの責任において政策課題を選びとり、それらを創意工夫によって解決してゆく主体であることを意味している。そのために自治体は地域の問題を自ら発見し、その解決策を自ら立案するという「政策的自立」を求められる。政策はもっぱら国から与えられるものではなく、自ら形成してはじめて住民の信託に答え得る自治機関としての内実をそなえることができるわけである。自治体が対処しなければならない政策課題は、地域特有の、住民の生活に直結する、その意味では切実な問題群であり、自治体職員こそが手がけるのにふさわしい性質のテーマであるといえる。

自治体職員による「政策研究」の動きは、自治体とその職員の自己（アイデンティティ）確立の試みであり、その「政策的自立」は、自治体とその職員の既成イメージを確実に変えるものといってよい。それは自治体を見下す中央官僚の偏見（国尊自治卑）や国を上位、府県を中間媒介、市町村を末端とみる旧来の観念に修正を求めるものといえよう。

自治体学会は、市民と研究者の参加もえて、自治体職員による政策研究の成果が、地方自治の理論と実践における自治体職員の新たな知的躍動として発表される場となるだろう。そこでは、さまざまな政策分野における中央地方関係の実態とその制度改革や、また事無かれ主義や前例踏襲主義に陥っている行政の体質とその内部改革の問題に新たな光があてられるものと期待される。

これ以降、自治体職員の知的躍動が随所に見られ、そのことが、わが国の地方自治研究の前進にも寄与していると思います。

Ⅱ　地方公務員法の扱い

職員は、執行機関と議決機関の権限行使を補助する役割を担っていますが、どのようにして補助機関としての職員になり、その職務をどのように遂行するのか、それを包括的に規定しているのが地方公務員法（以下、地公法）です。

職務遂行上の約束事

まず、採用試験に合格して採用されなければならない。地公法は、「職員の任用は、この法律の定めるところにより、受験成績、勤務成績その他の能力の実証に基いて行わなければならない。」（第15条）としています。これが職員任用の基本原則としての能力実証主義です。決め手は公務遂行能力です。

採用された職員は、「法律又は条例に特別の定がある場合を除く外、その勤務時間及び職務上の注意力のすべてをその職責遂行のために用い、当該地方公共団体がなすべき責を有する職務にのみ従事しなければならない。」（第35条）とされ、職務に専念する義務が課されています。

しかも、「すべて職員は、全体の奉仕者として公共の利益のために勤務し、且つ、職務の遂行に当つては、全力を挙げてこれに専念しなければならない。」（第30条）とされ、また、「職員は、その職務を遂行するに当つて、法令、条例、地方公共団体の規則及び地方公共団体の機関の定める規程に従い、且つ、上司の職務上の命令に忠実に従わなければならない。」（第32条）とされています。

このように法令等及び上司の職務上の命令に従わなければなりませんから、職員の行動には相当の制約ないし拘束が課せられています。これを「鉄格子」というのですが、だからといって職員が幽閉されているのではありません。職務遂行上の約束事になっているという意味です。

これに反した逸脱行動に対しては、「職員が次の各号の一に該当する場合においては、これに対し懲戒処分として戒告、減給、停職又は免職の処分をすることができる。」（第29条）とし、①この法律若しくは第57条に規定する特例を定めた法律又はこれに基く条例、地方公共団体の規則若しくは地方公共団体の機関の定める規程に違反した場合、②職務上の義務に違反し、又は職務を怠った場合、③全体の奉仕者たるにふさわしくない非行のあった場合を挙げています。これが、自治体職員のガバナンス（法令順守等）問題になります。

安心と挑戦

自治体職員も、いわゆる給与所得者である点では民間の会社員などと同じです。しかし、公務員の身分を持つがゆえに、雇用保険法上は異なった扱いをされています。雇用保険法は、その第6条で「次の各号に掲げる者については、この法律は、適用しない。」とし、同条第7号で「国、都道府県、市町村その他これらに準ずるものの事業に雇用される者のうち、離職した場合に、他の法令、条例、規則等に基づいて支給を受けるべき諸給与の内容が、求職者給付及び離職促進給付の内容を超えると認められる者であって、厚生労働省令で定めるもの」と規定しています。自治体職員は雇用保険法の適用除外となっているのです。その理由は、以下の3点とされています。

①　地方公務員法等の法制度に基づき特別な身分保障がなされ、一般の民間労働者に比してその身分が安定していること。

②　法令等の確実な根拠に基づき、失業時の保障として雇用保険制度により支給される求職者給付及び就職促進給付の内容を超える給付が確保される仕組みが設けられているため、雇用保険制度を強制的に適用し保護していく必要性に乏しいこと。

③　もし自治体職員に雇用保険法を適用するとすれば、自治体は退職手当と事業主として支払う保険料とを負担することとなるが、これらはいずれも住民の税金をその財源としており、住民に対し二重の負担を課す結果となること。

自治体職員は、国家公務員と同様に、一般の民間労働者に比してその身分が安定しています。さらにいえば、民間企業の倒産に当たるような事態は想定されておらず、その意味で、自治体職員には失業がない。失業するリスクを負うことなく、地方公務員の身分を離職（通常は定年退職）まで維持できる。これは、自治体職員に対するセーフティ・ネットであるといえます。失職の心配なく仕事をすることができるのです。

セーフティ・ネットとは安全網のことで、サーカスの綱渡りや空中ブランコでは、安全ネットを張ることでプレーヤーが思い切った演技ができ、落下しても大事故にならないようにしています。安心と挑戦はセットなのです。もし挑戦がなければ、安心は安住に変質してしまいます。

自治体職員にも、その意に反する降任や免職（分限）はあり得ます。どういう場合か。地公法第28条は、「職員が、左の各号の一に該当する場合においては、その意に反して、これを降任し、又は免職することができる。」とし、①勤務実績が良くない場合、②心身の故障のため、職務の遂行に支障があり、又はこれに堪えない場合、③前2号に規定する場合の外、その職に必要な適格性を欠く場合、④職制若しくは定数の改廃又は予算の減少により廃職又は過員を生じた場合としています。

実際に第28条が発動されるケースは稀です。「勤務実績が良くない場合」は実際にあるでしょうし、「心身の故障のため、職務の遂行に支障があり、又はこれに堪えない場合」も見られるでしょうし、「その職に必要な適格性を欠く場合」もありますし、「職制若しくは定数の改廃又は予算の減少により廃職又は過員を生じた場合」は起こっています。これらのいずれかに該当するかどうかは根拠となる事実が必要であり、職員が降任されることはまずありませんし、いわんや免職になることはほとんどないのが実際です。この条項の発動は勤務評定（人事評価）と関係しています。この点は、後で、2014（平成26）年の地方公務員法改正との関係で触れます。

職員は、ひとたび、正規の一般職として採用されれば、失業の不安なく、よほどでない限り降任や免職されることなく、定年まで勤めることができるのです。この点で、自治体職員の職は生涯職といえます。

Ⅲ 「吏員その他の職員」から「職員」へ

吏員から職員へ

今まで、当然のように自治体職員といっていますが、２００６（平成18）年の自治法改正までは、「吏員その他の職員」といわれていたのです。吏員は「事務吏員」と「技術吏員」に区分されていました。「吏員」と「その他の職員」は、戦前の「官公吏」及び「雇用人」の区別に由来する呼称です。実定法上は、吏員でなければ従事できない職務の区分及び事務吏員又は技術吏員でなければ従事できない職務の規程が設けられていました。

しかし「吏員」と「その他の職員」の区別は、任用や勤務条件等において地方公務員制度上は区別されておらず、また、「事務」と「技術」の区別については、地方公共団体の事務が複雑化・多様化しており、そのような区別を明確につけることが困難となりました。

そこで、「吏員」と「その他の職員」の区分及び「事務吏員」と「技術吏員」の区分を廃止し、首長の補助機関である「職員」へ一本化する改正が行われたのです。ただし、平成18年の法改正の前でも、技術職として採用された職員が、後に事務職の部門へ配置転換され、その逆に事務職として採用された職員が、後に技術職の部門へ配置転換されるケースは稀ではなかったのです。なお、消防吏員と税務吏員という言い方は残っています。

地方公務員数の状況

やや資料的な意味で地方公務員数の状況について確認しておきます。

図表　地方公務員数

種類と数（比率）	例示	特色
福祉関係を除く一般行政 546,246 人（19.7％）	議会、総務・企画、税務、労働、農林水産、商工、土木	国の法令等に基づく職員の配置基準が少なく、地方公共団体が主体的に職員配置を決める余地が比較的大きい
福祉関係 369,623 人（13.4％）	民生、衛生	国の法令等に基づく職員の配置基準が定められている場合が多く、また、職員配置が直接住民サービスに及ぼす影響が大きい
公営企業等会計部門 363,347 人（13.1％）	病院、水道、交通、下水道、その他	独立採算を基調として企業経営の観点から定員管理が行われている
教育部門 1,047,884 人（37.9％）		国の法令等に基づく配置基準等により、地方公共団体が主体的に職員配置の見直しを行うことが困難な部門
警察部門 263,353 人（10.2％）		
消防部門 158,460 人（5.7％）		

平成 24 年地方公共団体定員管理調査結果より

総職員数は、２０１２（平成24）年４月１日現在、２７６万８,９１３人で、平成７年から18年連続して減少しています。対前年比では２万０、０７６人の減少でした。行政分野別に見ますと、国が定員に関する基準を幅広く定めている教育部門、警察部門、消防部門、福祉関係が約３分の２（67・１％）を占めています。一般行政部門および公営企業等会計部門は、組織の見直し、民間移譲・民間委託等により減少しているのに対し、警察部門及び消防部門は、組織基盤の充実・強化のため増加していま す。団体区分別では、都道府県の職員数は21年連続して減少し、市町村（市町村には、指定都市、特別区、一部事務組合等を含む。）の職員数は16年連続して減少しています。

図表　自治体区分別職員数

都道府県	1,510,179 人（54.5%）
市町村	1,258,734 人（45.5%）
指定都市	242,950 人（ 8.8%）
市	715,176 人（25.8%）
東京特別区	61,983 人（ 2.3%）
町村	142,223 人（ 5.1%）
一部事務組合等	96,402 人（ 3.5%）

図表　都道府県部門別職員数

福祉関係を除く一般行政	174,915 人（11.6%）
福祉関係	58,502 人（ 3.8%）
教育部門	898,234 人（59.5%）
警察部門	283,353 人（18.8%）
消防部門	18,656 人（ 1.2%）
公営企業等会計部門	76,519 人（ 5.1%）

図表　市町村部門別職員数

福祉関係を除く一般行政	371,331 人（29.5%）
福祉関係	311,121 人（24.7%）
教育部門	149,650 人（11.9%）
消防部門	139,804 人（11.1%）
公営企業等会計部門	286,828 人（22.8%）

なお、都道府県警察は自治体行政の一部であるといえますが、知事には警察の運営について公安委員会を指揮監督する権限はないのです。公安委員会は「知事の所轄の下に」置かれていますが、警察に対する直接の権限が知事にないため、仮に警察に不祥事が発生しても、公安委員会を介さなければ、真相究明、処罰などを行うことができないのです。都道府県議会の審議において警察事項に関する質問等に答えるのは知事ではなく、通常は警察本部長です。実際の警察事務は本部長をトップとする警察本部が処理しているからです。警察法第56条は、「都道府県警察の職員のうち、警視正以上の階級にある警察官（以下「地方警務官」という。）は、一般職の国家公務員とする。」としています。都道府県で使用される警察官は「地方警察職員」というのです。警察官の階級は上から警視総監、警視監、警視長、警視正、警視、警部、警部補、巡査部長、巡査となっています。警視正は第4位の階級で、地方採用の警察官はこの階級に達すると地方公務員ではなく国家公務員に身分が切り替わるのです。

本講義では、都道府県警察の「地方警察職員」については、これ以上触れません。ただ、私は、一定規模以上の市は一定の警察権限を持ってしかるべきだと考えています。先進国の都市自治体で、自分たちの地域の社会秩序を守る警察権限を有していないところがあるでしょうか。警察権限の移譲という意味でも地方分権改革は、「未完のプロジェクト」なのです。

第２講

地方自治制度をめぐる変化

全国の自治体は、それぞれ、地域の実情を反映して、様々な政策展開を行っていますが、しばしば、共通に対処しなければならない変化に直面します。個別法の新設・改廃は、その具体的なものですが、地方自治制度とその運用の変化も自治体職員の意識と行動に少なからざる影響をもたらすと考えられます。時間が限られていますので、そのうち、いくつかの変化について概観しておきたいと思います。

Ⅰ　地方分権改革

何と言っても、１９９９（平成11）年７月に成立、翌２０００（平成12）年４月に施行された地方分権一括法の意義について触れなければならないと思います。４７５本の法律を一括して改正したため「地方分権一括法」という言い方になっているのですが、画期的だったのは、いわゆる機関委任事務の全廃でした。これについては、西尾勝《にしおまさる》先生の著書『地方分権改革』（東京大学出版会、平成19年）をはじめ、最近のものとしては、地方自治制度研究会編集『地方分権20年のあゆみ』（ぎょうせい、平成27年）が参考になりますので、それらに譲ります。ただし、この際、改めて戦後改革との関係で述べておきたいことがあります。

1　戦後改革と機関委任事務

先の大戦で敗戦した日本では、ＧＨＱ（連合国軍最高司令官総司令部）の下で政治体制の大改革が行われました。最大のものが憲法改正でした。ＧＨＱから日本政府に「憲法草案」（以下、草案）が示され、それをめぐって折衝が行われ、日本国憲法が制定されました。

草案には「第８章」として地方自治に関する章が新設されていました。１９４６（昭和21）年２月26日の臨時閣議で配布された外務省仮訳の条文と現憲法の規定の間には相違があるのです。日本側は、「３月２日案」を作成し、折衝しています。全部押し付けられたのではありません。

第92条の挿入

草案では第８章の章名はLocal Governmentでしたが、日本政府が作成した「３月２日案」では、「Local Self-GovernmentとSelfを挿入し、章名を「地方政治」から「地方自治」へ変更しています。また、草案の冒頭にはなかった「地方公共団体ノ組織及運営ニ関スル規定ハ地方自治ノ本旨ニ基キ法律ヲ以テ定ム」が加えられています。「地方自治の本旨」の規定を含む条文が日本側の主張で取り入れられました。日本側がこの規定を挿入したのは、地方自治に関する条項を憲法に置く以上、総則的なものを置いた方がよいという考えに基づくものであったといいます。これが日本国憲法第92条になります。

府県・市・町の削除と「地方公共団体」

草案の第86条には「府県知事、市長、町長」、第87条には「首都地方、市及町ノ住民ハ」というように、地方自治体の種類が、府県（prefectures）、市（cities）、町（towns）と書き分けられていました。これを日本側がすべて削除し、その代わりに「地方公共団体」（local public entities）という言葉で一括表現し直しました。日本側が、府県、市、町という具体名の削除を主張したのは、地方自治体の種類を憲法に明記すると「窮屈ではないか」と考えたためといわれていますが、「窮屈」とは、自治体の種類が憲法の条文に書き込まれてしまうと、これら以外の種類の自治体を創設しようとするとき、憲法を改正しなければならなくなる、それは困るという意味でした。

この修正により、どういう自治体が「地方公共団体」として自治権を持つかは法律で定め得ることになったのです。自治体の区別を地方自治法で行い得ることとなっているのは、憲法が「地方公共団体」としか書いていないからです。このことは、都道府県を一斉に廃止して道又は州を創設しようとする、いわゆる道州制導入の動きを理解しようとするときも役立ちます。道州制導入には憲法改正を要しないということになるからです。

直接公選職

草案の第86条では、「府県議会及地方議会ノ議員」と共に、「府県知事、市長、町長」のほかに、「徴税権ヲ有スル其ノ他ノ一切ノ下級自治体及法人ノ行政長」もまた直接公選職にすることが予定されていました。おそらく、これは、例えばアメリカにおいては学校区などの「特別区」（special districts）という自治体が置かれ、その理事が直接公選されていることが想定されていたと思われます。この考え方は、憲法第93条第2項にあるように、「法律の定めるその他の吏員」という表現で採り入れられました。その意味で、第2項は少なからぬ数の直接公選職を予定していたと考えられます。

事実、かつて教育委員会の委員は教育委員会法によって公選されていました。しかし、1956（昭和31）年の「地方教育行政の組織及び運営に関する法律」の成立により、教育委員の公選制が廃止され、自治体での直接公選職は首長と議会議員のみになっています。住民が直接普通選挙で選出できる地方公務員は著しく限られているといえます。このことが、直接普通選挙で選ばれる首長の存在を際立たせる背景をなしていると考えられます。

二層制の継承

もう一つ注目すべきは、憲法条文から自治体の種類が削除され、「地方公共団体」と一括されながら、知事と市長・町長を直接公選で選ぶことを通じて、明治以来の府県と市町村という二層制の地方制度が、その性格を変えて継承・固定化されることになったことです。後に、地方自治法で、市町村を「基礎的な地方公共団体」と、市町村を包括する都道府県を「広域の地方公共団体」と呼ぶようになり、「基礎」と「広域」の二層で地方自治を構成するという考え方が根付くことになりました。それは三層制への断念でもあり、より大きな「基礎」、より大きな「広域」という発想が優位する背景となっています。

知事直接公選と国の機関化

GHQとの折衝の中で、日本側の要請が通らなかったのは、「府県知事の直接普通選挙」の修正でした。府県知事は、1871（明治4）年の廃藩置県以来、旧制度下では一貫して国の任命官吏でした。1886（明治19）年の地方官官制制定によって府知事・県令の名称が知事に統一されました。国の官吏であった府県知事は広域的な地方行政を担当し、軍事・警察、教育、徴税などの権限を掌握する国の総合的な地方出先機関（行政区画の長）としての性格を持っていました。府県知事が広域的な地方行政を広範に担っていたことから、国の出先機関は原則として認められていなかったのです。

GHQ内では知事、市町村長の直接公選制は早くから固まっていました。「知事直接公選」導入を要求された日本政府は、当初、これに難色を示し、同じ公選でも議会による間接選挙を模索しました。日本政府は、知事の選出を直接選挙とした場合、知事と府県議会の対立や府県政運営の混乱を危惧したからだといわれています。しかし、GHQの強い態度によって知事直接公選に踏み切ることになったのですが、なお、その知事の身分を「官吏」にすることを主張したのです。それは、都道府県の事務の大部分は国家事務として編成され、形式は都道府県の事務でも、実はその区域内における国家事務の執行であったからです。

１９４６（昭和21）年４月10日、戦後初の総選挙が行われ、発足した第１次吉田茂内閣は、ＧＨＱが地方制度の改革を重視していることを受けて、東京都制、府県制、市制、町村制の改正案を帝国議会に提出しました。これが第１次地方制度改革と呼ばれるものです。この府県制改正により、身分は国の官吏のまま（府県知事の被選挙権を有する者の中から選挙人が選挙し、これを天皇が旧大日本国帝国憲法第10条の任官大権に基づいて任命するという方法がとられた）ではありますが、初めて被選挙権を有する者の中から直接公選で選出されることとなったのです。

公選知事の身分を「官吏」とする政府の方針に対しては、衆議院において各政党から批判の声が挙がり、またＧＨＱからも了解が得られず、結局、これを断念せざるを得なかったのです。そこで、知事の身分を「官吏」から「公吏」に変更した場合、どのような法的対応が必要となるかを検討するため、日本政府は、１９４６年10月、内務大臣の諮問機関として地方制度調査会（昭和27年８月制定の地方制度調査会設置法以前のもの）を設置しました。この調査会では、官吏の府県知事が処理してきた国政事務を、誰が、どのように処理するかが最大の問題となり、答申では「公吏」の府県知事でも国政事務を処理することができると結論しました。これこそが、公選知事が国の機関として処理する「機関委任事務」でした。同時に国の出先機関が新設され、都道府県との関係が複雑化することになり、これが、後々、出先機関の移管問題として尾を引くことになります。

2　第1次分権改革と都道府県の解放

戦後、直接公選の知事に執行責任を負わせた機関委任事務をどうするかを審議したのは、それから約半世紀も経て1994（平成6）年に法律で設置された「地方分権推進委員会」だったのです。その活動の結果、機関委任事務は全廃され、都道府県も市町村も国の機関として国の事務を処理することから解放されました。自治体の事務は自治事務と法定受託事務に新分類され、いずれも自治体の事務となりました。この機関委任事務の全廃は画期的な出来事であったといえます。これが第1次分権改革と呼ばれています。これにより、都道府県は、やっと自治体らしい自治体へと変転することができ、国ではなく、市町村と共にあるあり方を追求できることになったからです。

私は、第1次分権改革の意義は、何と言っても都道府県の解放をしたことにあったと思いました。この観点から気になったことが2つあります。

市町村合併の先兵になった都道府県

475本の地方分権一括法のうち、一つだけが成立とほぼ同時に施行されました。それが、「市町村の合併の特例に関する法律の一部を改正する法律」です*。いかに国が合併に熱心であったかが分かります。しかも、合併は、同じ地方分権推進の名によって「強力に」押し進められました。

＊「市町村の合併の特例に関する法律」は昭和40年に制定された10年間の時限立法。昭和50年、昭和60年、平成7年に有効期間がそれぞれ10年間延長された。平成11年の改正では、地方分権推進委員会の第2次勧告、第25次地方制度調査会の答申及び地方分権推進計画を踏まえ、住民発議制度の拡充や、市となるべき要件の緩和、合併特例債の創設などを行った。

自治法第7条第1項は「市町村の廃置分合又は市町村の境界変更は、関係市町村の申請に基き、都道府県知事が当該都道府県の議会の議決を経てこれを定め」としています。市町村合併は、あくまでも「関係市町村の申請」に基づくという意味で自主的合併しかないのです。国は「強力に推進」することはできますが強制することはできません。自治法第7条の規定を前提にする限り、市町村が消滅するとは、関係市町村が自ら法人であることを放棄する場合なのです。それは、法人としての任務の遂行を法人の機関と住民が断念するときです。大規模な市町村合併が進んだということは、国や県から実際に強要された面があったにしても、市町村自身が、自ら自治体としての自治を放棄したことになるのです。

それにしても、都道府県は、合併に関する国の方針を受けて合併構想を策定して市町村に働きかけました。やっと国のくびきから解放された都道府県が、合併に関しては、概して、国の「先兵」のように動いたのでした。すべての市町村合併協議会には、お目付け役のように、あるいは積極推進の人材として道府県庁の職員が出向していました。

地方分権一括法の成立・施行に伴い、自治法上は、それまであった「統一的な処理を必要とする事務」は廃止され、都道府県は、市町村を包括する広域の地方公共団体として、広域にわたるもの、市町村に関する連絡調整に関するもの及びその規模又は性質において一般の市町村が処理することが適当でないと認められるものを処理するものとすることになりました。

補完的事務の例は、生活保護、保健所、児童相談所、建築確認などですが、こうした補完的事務の処理は、都道府県が基礎的な自治体としての役割を実質的に担っていることを意味しています。都道府県からすれば、市町村への補完的事務を減らすために一定の人口規模と職員体制を持つ自治体の整備が必要であるということになります。都道府県に市町村合併に動く理由がなかったわけではないのです。

都道府県が市町村の関係で、どういう事務を重点的に処理すべきであるかという問題をめぐって見解は分かれています。できるだけ補完的事務を限定・縮小し、広域事務に純化すべきという意見があります。しかし、補完的事務を縮小するためには、市町村側でその事務を処理できるだけの行政体制の整備が必要になり、市町村合併を続けざるを得なくなります。大中小の市町村が存在する限り、都道府県の機能を広域事務へ純化させようとする方策には無理が出てきます。しかも、市町村の合併を推進して自治体の規模拡大を図っていけば、指定都市との関係に典型的に現れるように都道府県の存在感が薄らいでいくのです。地方分権の推進は、国と地方自治体の関係だけでなく、都道府県と市町村の関係をどのように切り結ぶかという問題を浮かび上がらせたといえます。それにしても、率先して市町村を合併に追い立てる様子を見ると、国の要請に忠実に従う従来の体質が現れたように見えました。

合併と市町村職員　合併に対する市町村職員の対応についても触れておきたいと思います。合併によって市町村が法人格を失うということは、その名前が失われ、条例等の法人の規則類は失効し、法人の機関である首長・議員はすべて失職するということです。職員も、合併によって瞬間的にはそれまでの市町村の職員であることをやめるのですが、特別措置によって一日も日を置かずに新たな市町村の職員になりますから、失業することはないのです。

そうでなければ、合併協議会の事務局に出向を命じられた職員は、その職務に専念できません。複数の市町村が合併して新しい自治体をつくれば、その自治体の職員数は、当然、旧市町村の職員総数以下になるはずです。地公法第28条は、「職制若しくは定数の改廃又は予算の減少により廃職又は過員を生じた場合」には、職員の意に反して、「これを降任し、又は免職することができる」としています。合併による定数の改廃によって「過員」が生じているからといって、特定の職員を免職にすることなどできません。合併による自治体の消滅を決めるのは職員ではないですし、採用継続と免職を分かつ共通の人事評価など行われていなかったからでもあります。ですから、合併に疑問を感じながらも合併協議会の事務局に出向して、合併促進の実務に精励した職員の心のうちはいかばかりだったでしょうか。法人の機関の「補助機関」としての職員の切なさとも言えます。

合併後は、職員数の適正化で計画的に削減が行われ、また、旧市町村単位に設置された支所や総合事務所の統廃合が進められ、職員の再配置が行われています。合併自治体の職員は新たな組織・人事体制への適応を求められています。

消えた「地方課」の名称

都道府県と市町村の関係のあり方として、小さなことですが、私が言い続けたのは、都道府県の組織に「地方課」という課名が存在していることは分権改革の観点から許容できないのではないかということでした。

2013（平成25）年3月5日、石川県議会一般質問で、山口彦衛《やまぐちひこえ》議員（自民）が、県内の市町へ行財政運営の助言などを行う県総務部地方課の名称について「市町課」へ変更するよう提案したと伝えられました（2013年3月6日付け『読売新聞』）。山口議員は「県が『地方課』という名称で、市町を地方とみていると感じられる」と訴え、これに対し、県総務部長は、「地方課」という名称は1914（大正3）年から使用している「歴史」に触れつつも、47都道府県のうち26自治体が「市町課」または「市町村課」で、「地方課」を使っているのは石川県だけだとして、変更を検討する考えを明らかにしました。いよいよ、しかし、やっと都道府県から「地方課」という組織名がすべて消えることになりました。２０１４（平成26）年４月８日現在の石川県行政機構図を見ると、従来の地方課は市町支援課に変わっています。

戦前の府県制の下では、府県は、市町村を包括し、その上位に立つとされていました。「地方課」は、その象徴的な存在でした。自治法の下でも、「地方課」は、都道府県の内部組織では財政課などと並ぶ花形部署とみなされ、市町村の行政、財政、選挙の３分野を担当する係を抱え、市町村の行財政運営を指導・管理する組織と目されていました。

しかし、２０００（平成12）年４月の「地方分権一括法」の施行以降は、国と地方の関係さえ「上下・主従」から「対等・協力」に転換しようと言っているにもかかわらず、「地方課」を放置しておくなど戦前体質の残存と言われても仕方なくなったのです。

私は、機会あるごとに、都道府県の「地方課」を例えば「市町村課」に改称するように相当執拗に働きかけました。この改称には条例改正は必要ではなく知事の決裁で済むのです。自ら直した知事も少なくありませんでした。それは、自治体としては市町村と対等であるはずの都道府県の、それも市町村の活動と最も関係の深い課の名称が「地方課」であることが時代にそぐわないと気付いたからです。「地方課」などという名称の課を存続させている県は、地方分権を主張する資格を欠いていると批判されても仕方ないだろうと考えました。

例えば財務省、厚生労働省、農林水産省、国土交通省など、中央省庁の大臣官房には「地方課」がありますが、国の行政機関の名称としてもおかしいから止めるべきだとは言えません。しかし、都道府県が「地方」という場合、現実には市町村のことを指していますから、市町村を「地方」と呼んでいる自分はどういう存在なのかを説明できなくなるではありませんか。「中央」だとでもいうのでしょうか。同じ自治体である市町村を「地方」とは呼べるはずはないでしょう。もしそうなら都道府県は国のような存在になってしまいます。皮肉をいえば、今まで地方課の改称の必要性に気付かないか、気が付いていながら直さないでいた県は、市町村から見れば、時代遅れの国の出先機関的な存在なのです。そのような県が、国に向かって分権改革を迫るなど自己矛盾もはなはだしいということになるのです。ちなみに、都道府県の出先機関にも「地方振興局」といって「地方」を付しているところがありますが、これも、例えば「地域振興局」へと改めるべきなのです。

同様に、県の「下」に市町村があるといっているに等しい「県下市町村」という言い方もおかしいと思います。都道府県が、広域の自治体として、複数の市町村を内包して成り立っていることを素直に表すのならば「県内市町村」で済むはずです。市町村を下位に位置付けるような言い方をしてきたのは、おそらく国の「依命通達」で「地方行政」の中継点として「貴下管轄の市町村への連絡をお願いしたい」などと言われてきたからかもしれません。国に絡めとられてきた都道府県は自らを自治体化し、同じ自治体である市町村との間に対等・協力の関係を形成していくべきです。

Ⅱ　「平成の大合併」について

法人の消滅と創設

改めて、市町村合併について、若干、述べておきたいと思います。市町村ないし都道府県の区域の廃置分合のうち、複数の地方公共団体の統合のことをいいますが、実際に都道府県の合併は政策課題にはならないため、もっぱら市町村の合併ということになっています。市町村合併には、複数の市町村がいったん法人格を失い新たな法人を設置する「新設合併」と、一つ以上の町村が法人格を失い、法人としての市に吸収される「編入合併」がありますが、いずれにしても、合併とは、旧自治体を消滅させ、新たな自治体（法人）を創ることです。

日本人は、出生届の提出段階で必ずいずれかの市区町村の住民になります。いわば定義によって住民になるわけです。その限り、自分たちで自治体を創るという体験を持たないのです。市町村合併は、その稀な機会であるにもかかわらず、ほとんどの人びとは、合併が新たな自治体の形成であるという意識を持ちにくいのです。従来とどこが違う自治体に生まれ変わるのか、その自覚とビジョンを持ち得ないまま新たな名称の自治体の住民になってしまうのが現実です。

合併後は、廃止された市町村の区域は、新自治体の区域の一部になりますが、そこは自治体としての権能を失っていますから、その組み込まれた地区が衰退しないかどうかは、新自治体の地区政策とともに、各地区が参加と協働の単位として機能できるかどうかによっています。概して、合併によって周辺地になった地区から「衰退」の嘆きが多く聞こえてきます。

わが国には「明治の大合併」と「昭和の大合併」の歴史があり、1999（平成11）年3月31日を起点とする市町村合併を「平成の大合併」と呼んでいます。1999年3月31日に3、232あった市町村の数は2010（平成22）年3月23日現在では1、760へ減じました。自民党の「市町村数を約1、000に減ずる」という目標には届きませんでしたが、市町村合併は、国等の関係者の当初の見込みを上回る進展を見せたといえます。

「基礎自治体＝総合行政主体」観の台頭

こうした背景に、「基礎自治体」観の台頭があったことは見過ごせません。それを打ち出したのは第27次地方制度調査会答申（2003年11月）であり、自治法では「基礎的な地方公共団体」となっているのを「基礎自治体」と言い換えたのです。そこには「今後の基礎自治体は、住民に最も身近な総合的な行政主体として、これまで以上に自立性の高い行政主体となることが必要であり、これにふさわしい十分な権限と財政基盤を有し、高度化する行政事務に的確に対処できる専門的な職種を含む職員集団を有するものとする必要がある。」と書かれていました。基礎自治体＝総合行政主体という観念が打ち出されていました。

市町村が「基礎自治体」と言い得るためには、住民に必要な一揃いの事務があって、それを自分の区域ですべて単独でやれなければならない、そのためには、一定の人口規模と必要な専門職員の配置など一定の行政体制を備えていなければならないと考えられています。この考え方に従えば、全国の市町村が「総合行政主体」としての基礎自治体の姿に合致するまで合併を続けるか、「基礎自治体」に期待される事務を処理できなくなっている小規模な市町村を基礎自治体の性格を失いつつあると見て別扱いにせざるを得なくなるはずです。

しかし、国から見ても、合併が行われていない市町村に対しては、合併をせっつくという従来の手法により合併を促すことには限界があると考えられました。その結果、2009（平成21）年6月16日の第29次地方制度調査会答申では、「平成11年以来の全国的な合併推進運動については、現行合併特例法の期限である平成22年3月末までで一区切りとすることが適当であると考えられる」と結論付けられ、「平成の大合併」は実質的に幕引きとなりました。

「平成の大合併」は何であったのか。合併は「究極の行政改革」であるという見方がある中で、市町村側にとって特に影響が大きかったのは、合併特例債と地方交付税算定替えを中心とした国による財政支援と、同時期に進行した三位一体改革による地方交付税の削減であったといわれますが、その本格的な検証は行われ始めたばかりです。合併とは、自治体の自治の放棄ですから、それによって失ったものを記録に留めておくことは重要です。

私は、全国町村会に設置されている「道州制と町村に関する研究会」の座長を仰せつかってきましたが、２００８（平成20）年10月に「『平成の合併』をめぐる実態と評価」をまとめました。２００７（平成19）年10月から２００８年３月にかけて、合併したところ、合併を見送ったところを合わせた17市町村を訪れ、関係者から直に話を聞きました。現場の声を聴取して明らかになったのは、国が総力を挙げて進めた平成の大合併が「地域共同社会」の取組の重要性を見落としていたのではないか、地域再生には、この「共同社会」をいかに維持・再生するかを念頭に置くべきではないかということでした。

規模拡大主義と昇格主義

「平成の大合併」がどのように進められたかは各地域によって事情が異なりますが、共通に見られた考え方は２つであったように思います。

１つは効率化の視点に立った規模拡大主義です。「基礎自治体」の整備のためには規模を大きくすることが追求されました。振り返れば、規模の合理化を促し「昭和の大合併」をいざなった１９５０（昭和25）年12月の「神戸勧告」でさえ、「人口と面積との関係について充分配慮すること。人口密度の高い地方を除いては、あまりに広大な面積の農村を設置することは、かえって住民の役場への距離を遠くし、また、教育施設等について能率的な経営を困難とする事情もあることを考慮する必要がある。」と指摘していました。例えば、岐阜県高山市は、２００５（平成17）年２月１日に周辺９町村を編入合併したことにより、人口は約６万５，０００人になりましたが、面積は合併前の１３９・57㎢から２，１７７・67㎢（東京23特別区の全域とほぼ同じ）へと拡大しました。これには、それなりの事情があったのでしょうが、人口と面積のあまりに著しい懸隔によって、基礎的な自治体の運用はさぞかし大変だと言わざるを得ません。

もう１つは昇格主義です。合併で消滅したのは主として町村であり、市と町村を比べて市の方が格上だという見方があるのです。合併で市に昇格すると再び町へ降格することはないのです。例えば、人口３万市特例（人口が３万人以上になれば、それだけで市に移行できるという措置）で市になり、合併後すぐに人口が３万人を切っても町には戻らないですね。降格になるからです。

この昇格主義は、規模拡大主義と相まって、市町村の序列化を生み出しました。指定都市（人口50万以上、運用基準70万以上）・中核市（人口30万以上）・特例市（人口20万以上）・一般市・町村という序列です（２０１５年４月１日より特例市制度は廃止され、事務は中核市制度に統合された。）。特に、市の多様化は著しく、そのことが、例えば全国市長会のまとまった活動を困難にしている一因となっているのではないでしょうか。

なお、合併で消滅した市町村の区域にはコミュニティ充実策を講じようという考え方があります。私も、外に向かって区域を拡大するならば、従来以上に内における地域自治の充実を図らなければならないのではないかと強調しました（大森彌・大和田健太郎『どう乗り切るか市町村合併—地域自治を充実させるために』（2003年3月、岩波ブックレットNo.590）を参照。）。

もちろん、地域コミュニティの維持及び発展が可能となるような配慮は必要なのですが、失われた自治体の自治を「地域コミュニティ」で代替できるはずはありません。自治体は、その代表機関である議会の議員と首長とを住民が直接選挙することができ、課税権を持ち、一定の行政水準を維持するために地方交付税の配分を受けている法人なのです。どのように「地域コミュニティ」を整備しても、それは基礎的な自治体内の地域住民団体であり、参加と協働の単位にとどまるのです。

ちなみに、コミュニティが成り立つためには2つの条件が要ると思います。1つは、一定程度のプライバシーの共有です。プライバシーを何が何でも守ろうとする人の間ではコミュニティは成り立ちません。相手がどんな人かが分からなければお付き合いのしようがない。もう1つは一緒に汗を流すような共同作業があることです。それを互助の精神で、労力とお金と時間を出し合って行うのです。

Ⅲ　地方分権改革と人材育成

人材育成方針の策定

第1次分権改革に伴い、自治体職員のあり方に対する影響という点で重要であったのは、国からの人材育成方針の策定要請でした。1997（平成9）年11月、当時の自治省は「地方自治・新時代における人材育成基本方針策定指針」を発出しています。その背景は2つです。1つは、地方分権推進委員会第2次勧告（平成9年7月8日）において、地方分権の推進に対応した行政体制整備の一環として、地方公共団体が政策形成能力の向上等を図るための人材育成に努めるよう要請されたことでした。もう1つは、「地方自治・新時代に対応した地方公共団体の行政改革推進のための指針」（平成9年11月14日）において、各地方公共団体が職員の能力開発を効果的に推進するため、人材育成の目的、方策等を明確にした人材育成に関する基本方針を策定するよう要請していたことでした。

この策定指針は、「地方行政運営研究会公務能率研究部会におけるこれまでの研究成果や先進的な取組事例等を踏まえ、各地方公共団体が人材育成に関する基本方針を策定する際に留意・検討すべき事項を指針として通知するもの」とされ、人材育成の目的の明確化、学習的風土づくり等の総合的取組の推進（職場の学習的風土づくり―人を育てる職場環境、系統だった人材育成の確立―人を育てる人事管理、仕事を進める過程の工夫・活用―人を育てる仕事の進め方）、職員研修の充実、多様化、人材育成推進体制の整備等に留意・検討するよう要請していました。

この指針づくりのために、1996（平成8）年に地方行政運営研究会第13次公務能率研究部会が設置され、12月に「地方公共団体職員の人材育成―分権時代の人材戦略」を取りまとめています。実は、私は、この部会の座長を務めましたが、分権時代を迎え、自治体職員の資質や能力が必ず問われ、そのための人材育成戦略が不可欠になると考えていました。そこでは、「人材」とは、「担当する職務に関し課題を発見し施策を的確に遂行するために必要とされる能力と意欲を持っており、職務に積極的に取り組むとともにそうした持てる能力と意欲の向上に自覚的に努めている職員のこと」であると定義しました。そして、「自治体が住民の負託に応え行政を的確に運営していくためには、一人ひとりの職員が人材として育っていくこと、特に、地方分権の進展に対応し、地方公共団体が自律性を持った団体としてその責任を的確に果たしていくためには、自治体自身が自己改革を進めその力量を高めていくことが必要であるが、その際、特に重要になるのが職員の人材育成を積極的に推進していくこと」であると述べました。

地方自治が新しい時代を迎えようとする中で、政策形成能力、法務能力等の重要性が高まると考えられ、各自治体が地域の将来像と行政のあり方などを踏まえながら人材育成の目的及びこれからの時代に求められる職員像を明らかにする必要があったのです。

研修計画の策定

都道府県や政令指定都市を中心に、自治体で人材育成基本方針の策定が行われることになりましたが、一般の市町村での取組は必ずしも順調ではありませんでした。そこで、２００４（平成16）年６月の地方公務員法改正により、同法第39条第３項に「地方公共団体は、研修の目標、研修に関する計画の指針となるべき事項その他研修に関する基本的な方針を定めるものとする。」という規定が新設され、これに基づき「研修に関する基本的な方針」の策定が義務付けられました。各自治体では、育成すべき職員像とその実現方策を定めることになりました。それが、後述するように、人材育成という点で地方公務員法の改正による新たな人事評価制度の実施に結び付いていきます。

Ⅳ　民主党政権の「地域主権」

２００９（平成21）年夏、マニフェストで競い合う総選挙が行われ、自民党が大敗を喫して下野し、代わって民主党を中心とした新政権が誕生しました。政権交代に伴い政策と制度に中止・廃止・凍結を含む「変化」が起こりましたが、人びとの間に戸惑いや反発も生じました。鳩山由紀夫《はとやまゆきお》内閣から菅《かん》直人《なおと》内閣に代わって行われた２０１０（平成22）年の参院選では、民主党は、２００９年の総選挙で獲得した国民の支持をつなぎとめることに失敗し、いわゆる「ねじれ国会」が生まれ、政策運営に苦慮することになりました。

政権交代が、それまでの国と地方の関係にどのような変化をもたらすのか、とりわけ、「地域主権」「地域主権改革」を唱える民主党政権は、日本の地方自治をどのような方向に導こうとしているのか多くの自治体関係者が関心を寄せました。

「霞が関の解体・再編と地域主権の確立」

当時の民主党には民主党分権調査会（玄葉光一郎《げんばこういちろう》会長）が設置され、２０１０年の参院選のために「霞が関の解体・再編と地域主権の確立」を打ち出していました（２００９年４月22日）。それは、次のような内容でした。

図表　民主党分権調査会による「霞が関の解体・再編と地域主権の確立」
（2009年4月22日）抄

Ⅰ　基本理念
1．基礎的自治体重視の新しい「国のかたち」
○霞が関の組織と地方を支配する権限を解体し、新たな中央政府を樹立する。その結果、霞が関に支配され続けていた自治体は、地域のことを地域で決める主権を回復する。
○中央集権制度を抜本的に改め、日本の統治の仕組みを分権型社会に変えることで日本全体を再生する。地方のことは権限も財源も地方に委ねることにより、陳情政治からの脱却を図り、国会議員も国家公務員も国家レベルの仕事に専念できるようにする。
○地方分権国家の母体を、道州のような広域自治体ではなく、住民に一番身近な基礎的自治体とし、全国を最終的には300程度の基礎的自治体にすることを目標とする。生活に関わる行政サービスをはじめ、基礎的自治体が対応すべき事務事業が全て行えるよう、権限(立法権・執行権)と財源を大幅に移譲し、国と基礎的自治体による新たなる「国のかたち」をめざす。
2．自治体の多様性を踏まえた地域主権
○わが国には人口約360万人の横浜市から人口約200人の青ヶ島村(東京都)まで多様な基礎的自治体が存在する。また離島や山間地など、基礎的自治体が置かれている地理的条件も様々である。そうした基礎的自治体の多様性を尊重した地域主権を推進する。

Ⅱ　当面目指すべき国のかたち
2．自治体の再編
⑴再編の全体像
○国から都道府県・基礎的自治体に対して大幅に事務事業を移譲する。それとともに都道府県が担っている事務事業の2/3程度を基礎的自治体に移譲する。
⑵基礎的自治体の執行権の拡充
○自治体の自主性を尊重しつつ、第２次平成の合併等を推進することにより、現在の市町村を当面700～800程度に集約し、基礎的自治体の能力の拡大に努める。政権獲得後３年目までに基礎的自治体のあり方の制度設計を進め、その後に第２次平成の合併を行うこととする。
○合併等により集約をする市町村に対して一定期間、一括交付金の算定で優遇措置を講ずる。
○基礎的自治体の能力拡大の程度に応じて、当該自治体が担う事務権限を設定する。その際、人口30万人程度の基礎的自治体については、現在の政令市と同等レベルの事務権限を設定できるようにする。
○基礎的自治体が担うことを期待される事務事業を規模の面などから担えない場合には、広域連合制度を活用するなどして、近隣基礎的自治体もしくは都道府県が当該事務事業を担うこととする。

自治体職員の中には、「地域主権」とか「地域主権改革」に、それまでと違った斬新さを感じ、その改革に期待を持った人もいたでしょうが、私は、「地域のことを地域で決める主権を回復する」とか「国と基礎的自治体による新たなる『国のかたち』をめざす」とか「第2次平成の合併を行う」としていることに仰天した覚えがあります。そして、慎重さを欠き現実感覚が希薄な改革案では、民主党政権は失敗を来すのではないかと思いました。

小沢一郎代表の「一層制」論

この内容は、当時の小沢一郎《おざわいちろう》・民主党代表の考え方を体現していました。生活に密着した力のある基礎的自治体と天下国家に専念する国とに仕事を分かつという小沢氏の発想は、かつて著書『日本改造計画』の中で「全国を300の基礎自治体（市）に」統合再編することを提唱し、「地方自治体は一層制（基礎自治体のみ）がよい」と主張していた以来のもので、都道府県や道州制など「中二階」と揶揄されがちな広域（中間）の自治体そのものを排除する構想でした。

2009（平成21）年5月11日、小沢氏は、西松建設疑惑関連で公設秘書が逮捕され、民主党代表を辞任し、後継を決める代表選挙では鳩山由紀夫氏が選出されました。この交代を機に、分権調査会は、「現在の市町村を当面700～800程度に集約し」とか「全国を最終的には300程度の基礎的自治体にする」といった数値目標を削除し、より穏当な案に修正しました。

民主党政策集ＩＮＤＥＸ２００９（２００９年7月24日）の中では、「広域自治体については当分の間、現行の都道府県の枠組みを基本とします。都道府県から基礎的自治体への事務事業の移譲に伴い、都道府県の役割は、産業振興、災害対応、河川、基礎的自治体間の調整などに限定されていきます。都道府県等が効率的な運営を図ることなどを目的として、現行制度を前提とする広域連合や合併の実施、将来的な道州の導入も検討していきます。」となっていました。「地域主権」という言い方は堅持していました。

法律用語にならなかった「地域主権」「地域主権改革」

２０１０（平成22）年12月3日に閉幕した臨時国会では、民主党のいわゆる地域主権関連三法案が成立せず、再び継続審議となりました。臨時国会開会中に、民主党と自民党が法案の修正協議を行い、民主党側は、「地域主権」という用語に難色を示す自民党の主張を受け入れ、法案名に記されている「地域主権改革」を「地域の自主性及び自立性を高めるための改革」へ、「地域主権戦略会議」を「地域戦略会議」へ変更し、条文中の「地域主権」の文言を削除することに同意しました。実は、この削除を余儀なくされたのは、「地域主権」という用語自体が単一主権制をとる日本国憲法と相容れなかったからだと思います。「地域主権」・「地域主権改革」という言い方が自民党との駆け引きで法律用語にできなかった民主党は、「地域主権改革はわが内閣の1丁目1番地である」としていただけに、いわば旗印自体を失ってしまいました。

自治体が「地域のことを地域で決める主権を回復する」とは、かつて自治体に主権があったかのような言い振りになっています。そんな歴史は日本にあったでしょうか。もし過去のことではなく、将来「地域のことを地域で決める主権を自治体に与える」という意味であれば、それは憲法改正になるはずです。

一人の日本人は、いずれかの市区町村の住民であり、市区町村を包括する都道府県の住民であり、日本国民であり、「民」として3つの側面を持っています。その「民」のいずれに「主権」があるかといえば、「主権」は国民としての側面にしかないのです。市区町村民にも都道府県民にもない。どのように地域を設定しようが、そこに「主権」を与えるというのであれば単一主権制は崩れ、憲法改正を必要とします。民主党の「地域主権」が日の目を見なかったのは当然でした。

Ⅴ　国と地方の協議の場の法制化

新地方分権構想検討委員会の提言

地方六団体・新地方分権構想検討委員会（委員長・神野直彦《じんのなおひこ》東京大学教授）は、もう一度、分権改革のエンジンを始動させるため、２００６（平成18）年５月、「分権型社会のビジョン（中間報告）」を取りまとめました。これを受けて、６月、地方六団体は、「地方分権の推進に関する意見書」（『豊かな自治と国のかたちを求めて』・地方財政自立のための７つの提言）を打ち出しました。提言１は、「（仮）新地方分権推進法」制定であり、提言２は「（仮）地方行財政会議」の設置でした。私は、この「新地方分権構想検討委員会」に委員として参加し、「地方行財政会議」の立案にも当たりました。

提言２は、いわゆる三位一体改革の中で、地方六団体が当時の小泉純一郎《こいずみじゅんいちろう》首相の要請を受けて国庫補助負担金廃止案をまとめ提出したときに「国と地方の協議機関の設置」を要請したことに端を発していました。協議の場は設けられるようになったのですが、政策形成のために十分機能したとは言い難かったのです。そこで、国と地方の協議の場の法制化を求めることになりました。当時は民主党政権でしたが、国地方双方の代表からなる少人数の実務検討グループが設置され、法制化に向けた検討がなされました。この法律案には、国会審議では民主党、自民党、公明党が賛成し、２０１１（平成23）年5月2日に成立しました。その概要は図表のとおりです。

図表　国と地方の協議の場に関する法律（概要）

①構成・運営
・議員
国　：内閣官房長官、特命担当大臣、総務大臣、財務大臣、内閣総理大臣が指定する国務大臣
（議長・議長代行を内閣総理大臣が指定）
地方：地方六団体代表（各１人）（副議長を互選）
・臨時の議員
議員でない国務大臣、地方公共団体の長・議会の議長
・内閣総理大臣は、いつでも出席し発言可

②協議の対象
次に掲げる事項のうち重要なもの
・国と地方公共団体との役割分担に関する事項
・地方行政、地方財政、地方税制その他の地方自治に関する事項
・経済財政政策、社会保障・教育・社会資本整備に関する政策その他の国の政策に関する事項のうち、地方自治に影響を及ぼすと考えられるもの

③招集等
・内閣総理大臣が招集（毎年度一定回数。臨時招集も可）
・議員は内閣総理大臣に対し招集を求めることが可

④分科会
分科会を開催し、特定の事項に関する調査・検討が可能

⑤国会への報告
議長は、協議の場の終了後遅滞なく、協議の概要を記載した報告書を作成し、国会に提出

⑥協議結果の尊重
協議が調った事項については、議員・臨時の議員は、協議結果を尊重しなければならない

⑦施行期日
公布の日（平成23年5月2日）

国と地方の協議の場に関する法律

地方分権改革のねらいは、国と自治体の関係を「上下・主従」ではなく「対等・協力」の関係に変えていこうというものです。国と地方が協議する制度は、協議という言葉が表しているように、国（中央政府）と自治体（地方政府）が対等な立場で重要事項に関し合意を形成し、それを誠実に実行していこうという考え方を基礎にしているのです。

ちょっと考えてみても、自治体は国と対等だという発想を、国はなかなか持ちにくいでしょう。政権党とその内閣は、選挙で約束した政策を実現しようとする過程で、無視できない野党勢力の反対・抵抗に遭います。その上、自治体と事前にあれやこれや「協議」をするのか、面倒だ、やりにくいな、と思う方が普通でしょう。それでも、「協議の場」は「上下・主従」ではなく「対等・協力」の場であるしかないのです。この法律が制定された意義は小さくなかったと思います。しかし、これは、国と地方にとって新たな、しかも容易ではない挑戦なのです。国側の説明の場になるなど協議が形式化しない工夫をいかにできるかが大きな課題となっています。

Ⅵ　3・11と被災自治体への応援

2011（平成23）年3月11日、マグニチュード9・0の「東北地方太平洋沖地震」が起こりました。恵みの海から走るようにやってきた大津波は人びとが営々と築いてきた暮らしと地域をあっという間に破壊し尽くしました。地震で止まった福島第一原子力発電所の冷却装置が機能不全に陥り、放射能被爆を避けるために広範囲の人びとが避難するといった事態も発生しました。

自治体には、もともと、災害対応と救援活動における中核的な役割が期待されています。東日本大震災では多くの自治体で、庁舎に甚大な損害を被り、多数の職員を失ったため、その後の災害対応に支障が生じました。

不眠不休の奮闘　最も被害が甚大だった岩手・宮城・福島の3県では17自治体で221人が死亡もしくは行方不明となりました。中でも岩手県大槌町《おおつちちょう》では、総勢139人の職員のうち、町長と管理職7人を含む32人が死亡もしくは行方不明となりました。岩手県の陸前高田市《りくぜんたかた》では295人の市職員のうち68人の命が失われ、宮城県南三陸町《みなみさんりくちょう》でも240人中39人が亡くなっています。無念というほかありません。

　難を免れた職員は、救援活動と自治体機能の立て直しに、それこそ不眠不休で奮闘しました。福島県の状況はいささか特殊で、損傷を受けた福島第一原子力発電所周辺の9つの自治体は、地震と津波による被害が比較的軽微であっても、放射線レベルに対する懸念から、発電所から離れた（だいたいは同一県内の）別の場所に移転を余儀なくされました。被災自治体の職員の苦労は並大抵ではなかったのです。体調を崩す職員も出ました。

自治体間の絆

　そうした困難に直面している被災自治体を全国の自治体は傍観せず、自ら応援を買って出て、物資と励ましを届け続けました。総務省によれば、2011年3月11日から2012（平成24）年1月4日までの期間に、日本全国から震災に見舞われた各県および市町村に派遣された自治体職員の総数は7万9，000人に上ったといいます。1年が経過した後も、その多くが派遣先で土木、都市計画から社会福祉、財務に至る様々な業務を引き受け続けていました。

　岩手県内陸部に位置する遠野《とおの》市は、大打撃を被った沿岸部の宮古《みやこ》市、山田町《やまだまち》、大槌町、釜石《かまいし》市、大《おお》船渡《ふなと》市や陸前高田市などの市町村から約50㎞に所在することを活かして、市内144か所の施設を補給物資やその他の救援活動の拠点と定め、迅速かつ効果的に救援活動の中核となりました。関西広域連合は、その支援を均等に配分するため、連合加盟の府県はそれぞれ被災3県のいずれかに支援を集中する方針をとり、このカウンターパート方式によって、救援物資の提供、県職員の派遣、避難者の受け入れを組織的に行いました。

東日本大震災における被災体験は自治体間の絆を確認し持続し強めていこうとする大きな契機になったと思います。普段はあまりその意義が感じ取れない姉妹都市の関係が災害時にいかに「ありがたい」ものであるか判明していますし、農山村と都市の交流事業がいかに「助け合い」の基盤になるのかも明らかになりました。今まで、ともすれば、国―都道府県―市町村を縦の上下関係で見る考え方が強かったのですが、まず市町村が横につながる関係が、それも普段からの付き合いこそが重要なのです。今後、こうした交流事業をさらに発展させ、遠隔地にある自治体の間で新たな連携事業が生まれてくるかもしれません。

Ⅶ　逸脱首長への対処と地方自治法の改正

「逸脱」市長

地方自治の現場は多様ですが、とんでもないことも起きます。地方自治制度はもとより、社会の制度は、広く人びとに了解された約束事であり、これが遵守されなければ円滑な運用は期待できなくなります。この約束事を平然と破る首長が出現しました。今はもう忘れられたでしょうか、２００８（平成20）年８月31日に鹿児島県阿久根市の市長に当選し、その後非常識な行動をとった竹原信一氏のことです。竹原市長は、市職員団体に対する強硬措置をとるとともに、市議会を招集せず、副市長選任など19件にも及ぶ専決処分を連発し、鹿児島県知事の是正勧告にも応じませんでした。この行動は、住民を巻き込んだ阿久根市での紛糾であることを超え、市議会への正面攻撃であるだけでなく自治法の現行規定への挑戦という意味合いを持っていました。竹原氏は、２０１１（平成23）年１月の市長選で落選しましたが、自治法改正が必要となりました。

自治法による対処

総務省は、２０１１（平成23）年１月26日に「地方自治法抜本改正についての考え方」を発表し、それに基づき自治法が改正されました。内容は、議長等の臨時会の招集請求に対して長が招集しないときは、議長が臨時会を招集することができることにし、専決処分の対象から副知事及び副市町村長の選任を除外し、国等が是正の要求等をした場合に、地方公共団体がこれに応じた措置を講じず、かつ、国地方係争処理委員会への審査の申出もしないとき等に、国等は違法確認訴訟を提起することができることとするなどでした。

Ⅷ　大都市制度の流動化

膨張した指定都市

１９５６（昭和31）年9月に初めて指定都市に移行した大阪市、名古屋市、京都市、横浜市、神戸市と異なり、仙台市、浜松市、新潟市などのように中山間地や農山漁村などの過疎地域まで市域に含む大都市自治体が出現し、指定都市は多様化しました。自治法では、指定都市は「人口50万以上の市」としか要件規定がなく、具体的な都市名も移行手続も明記されぬまま、いつの間にか市町村合併の促進などの手段になり、数が20になるほど増えました。その膨張ぶりを見ますと、国に大都市戦略が欠如しているようにも思えます。現在では、「70万人程度の人口」があれば指定都市になれると見られています。今日では、日本人の5人に1人が指定都市で暮らしています。

大都市制度の将来についての見方も、20もある指定都市の間で姿勢や意向が異なるのも当然です。大都市制度のあり方の調査・検討に入った第30次地方制度調査会の専門小委員会（２０１２年2月16日の第7回）では、指定都市市長会（阿部孝夫《あべたかお》・川崎市長）から「あるべき大都市制度の一つの姿として特別自治市制度の創設」が提案され、大阪府市統合本部（橋下徹《はしもととおる》・大阪市長）から「現在の市町村、現在の政令市を基礎自治体と決めつけるのではなく、あるべき広域行政体、基礎自治体を作り直すという」大阪都構想の説明がありました。特別自治市構想は都道府県からの独立という点で、大阪都構想は指定都市の廃止と「特別区」の創設という点で、「広域」と「基礎」という二層制に変動を与えるものです。

「大阪維新の会」の挑戦

1956（昭和31）年に指定都市が創設されて以来、指定都市とその所在道府県の間には事務処理では疎遠でありつつ、施設建設では競い合うといった複雑な関係となり、時に競合が不仲に発展することになりました。この問題を劇的な形で提起したのが、橋下徹氏が率いる「大阪維新の会」の「大阪都」構想でした。「府市合わせ」（不幸せ）を解消するため、大阪市を廃止し、そのいくつかの事務権限と財源を「大阪都」に吸い上げるという改革案です。これにより「二重行政」の解消と住民自治の充実をめざすとしました。これは東京の都区制度を下敷きにしていました。1943（昭和18）年に、当時の東京市と東京府が合体し、東京都ができ、東京市にあった特別区は、都の内部団体になりました。自治法上は、特別地方公共団体の一つとして「都の区を特別区という」とされています。

大阪府知事であった橋下徹氏は任期を3か月ほど残していましたが、「大阪都」構想などを争点に大阪市長選挙に鞍替え出馬するため辞職、大阪府・大阪市のダブル首長選挙になりました。2011

（平成23）年11月27日に投開票のこの選挙では、市長には「大阪維新の会」の会長の橋下氏が、知事には幹事長の松井一郎《まついいちろう》氏が当選しました。この勢いもあって、2012（平成24）年8月に、民主党政権の下で、当時、みんなの党、自民党・公明党、民主党は、東京以外でも大都市地域において「特別区」の創設を可能にする「大都市地域における特別区の設置に関する法律」を成立させました。

この法律に基づいて、大阪府と大阪市は「大阪都」構想の実現に向けて協議を重ねることになりました。その間、橋下氏らは「大阪維新の会」を母体に「日本維新の会」を結成し国政選挙に乗り出し、2012年衆院選では、小選挙区で694万票、比例代表で1,226万票を獲得し進出しましたが、2013（平成25）年参院選では、それぞれ385万票、636万票と、ほぼ半減させて失速し、また、「大阪都」構想に「大都市地域」として堺市を取り込もうとして堺市長選に打って出たが敗北し（2013年9月）、大阪市の区域に限定される「大阪都」構想にとどまることになりました。

「大阪都」構想のゆくえ

大阪市域に特別区を設置するための法定協議会が設置され、2014（平成26）年7月23日に大阪都構想の設計書に当たる協定書（都構想案）が作成されましたが、2014年10月27日に、自民党、公明党、民主党、共産党の反対により、協定書は大阪府議会・大阪市議会においてそれぞれ否決されたのです。しかし、その後、公明党が「住民投票を行うことについては賛成する」として議会での承認について賛成に転じたため、2015（平成27）年1月13日、改めて開かれた法定協議会にて協定書が承認されました。大阪市議会で3月13日に、大阪府議会では3月17日、可決・承認されました。この協定書の承認によって、大阪市選挙管理委員会は、住民投票を2015年5月17日に行うことを決めました。

当初から、「大阪都」と言っていますが、「大阪府」を「大阪都」へ名称替えするのは容易ではないのです。自治法第3条第1項は、「地方公共団体の名称は、従来の名称による。」と、同条第2項は「都道府県の名称を変更しようとするときは、法律でこれを定める。」としています。「大阪都」への名称変更のための法律の制定が必要なのです。

市町村合併で多くの市町村が消滅しましたが、指定都市を消滅させるのは初めてです。私は、特別区の立場から東京の都区制度の改革に取り組んできましたが、その経験から「大阪都」構想については批判的でした。「大阪都」を作っても「大阪を一つ」にはできないし、特別区を新設しても、「大阪都」が財政調整権を持つ限り、特別区が普通地方公共団体になれるわけではありませんし、東京と異なって、実際に地方交付税の配分を受けなければならない貧しい大阪では、「都区」間で財源配分をめぐる対立が起こり、再び不幸せに見舞われる可能性が高いと考えたからです。

特に地方交付税の算定については、特別区の存在する区域（これまでの大阪市の区域）を一つの市とみなすことが必要で、国は、現行の都区合算制度と同様の仕組とすることを求めています。自治体としての大阪市はなくなるにもかかわらず、地方交付税算定では「亡霊」のように生き残る形になります。

また、特別区の設置に伴う財産処分及び職員の移管に当たっては、当然、事務の分担に応じることを基本に検討すべきですし、特別区の設置を機に、従来の大阪市と大阪府の組織の枠にとらわれず、適材適所による最適な職員配置を実施していくとしていますが、かつて東京都と特別区の間では都職員がその身分を有したまま特別区に配属される制度が１９７４（昭和49）年まで存在したが、これは当時の特別区が都の内部団体的性格を有していたことの表れであったことを想起すべきです。

約３万５、４００人いる大阪市の職員は、５つの特別区と特別区の一部事務組合と大阪府へ移管されます。３、４００人の大阪市消防吏員は大阪府へ移管されるようです。大阪市の基幹組織である「局」が「大阪都」に入り込み、内から「乗っ取る」可能性があるかもしれません。都道府県のうち「局制」の組織体制を維持しているのは東京都のみです。東京都は、組織編成上は、１９４３（昭和18）年当時の東京市が東京府を飲み込んだともいえるのです。

大阪市がなくなり、５つの特別区ができても、一体、府都はどこになるのでしょうか。「中央区」ができるそうですが、そこが府都にはなりません。東京都には中心市としての基礎的自治体（首都）はないのです。日本の首都は「東京」といっている場合の「東京」は23区が存在している区域を漠然と想定しているに過ぎません。都庁舎が所在している新宿区は、基礎的な地方公共団体ですが、「首都」とはみなされていません。ですから、世界では異例のことに広域の地方公共団体である東京都がオリンピックを誘致したのです。

集中講義では、以上のように述べたのですが、以下は追記です。「大阪都」構想（特別区設置協定書）は、大阪市民による「住民投票」の結果、賛成票（69万4、８４４）が有効投票の過半数に達せず、反対票（70万5、５８５）が多数となったため否決されました。これに政治生命をかけた橋下氏は、少なくとも大阪の政治からの「退場」を命じられたと言えます。橋下氏は、大阪市長の任期（２０１５年12月）は全うするものの、次の市長選挙には立候補せず、政界を引退する意向を表明しました。しかし、存続することになった大阪市と大阪府がどのような協力関係を築いていくかは一層切実な課題となったと言えます。

東京以外の大都市でも「特別区」を設置することを可能にした「大都市地域における特別区の設置に関する法律」は大阪のために作られた経緯もあり、「大阪都」構想の敗退によって、他では使われることなく立ち枯れるかもしれません。

Ⅸ　都道府県廃止案—道州制推進基本法案

２００４（平成16）年の自治法の改正により、都道府県間の自主合併は、市町村合併と同様にやりやすくなったといえますが、今のところ「広域」間の合併の気配はありません。そうした中で、都道府県自体を廃止し、道州制を導入しようという法案が出てきました。

自民党「道州制推進基本法案（骨子案）」

自公両党が推進しようとしている「道州制推進基本法案（骨子案）」です。自民党は、２０１０（平成22）年参院選での公約「自民党政策集」の中で、「道州制の導入による地方分権の推進を図るため、道州制基本法を早期に制定します」とし、２０１２（平成24）年3月24日、同党道州制推進本部・総会から「道州制基本法案（骨子案）」が公表されました。

これは、「国と都道府県と市町村」を「国と道州と基礎自治体」で構成される地方自治制度に変える案です。国の仕事は、国が本来果たすべき役割（外交、防衛や真に全国的な視点に立って行わなければならない社会保障や教育の根幹など）に極力限定して、それ以外の国の事務は「道州」に移譲する、都道府県が行っている仕事の大部分は「基礎自治体」へ移譲する、したがって、受け皿となり得るだけの規模・能力を備える基礎的な自治体が必要になる、という論法になっています。

　この事務権限の下降的な移譲を進めようとすれば、道州は自治体というには巨大なものになり、合併による小規模市町村の解消を促すことになります。それを強く懸念したがゆえに、全国町村会、全国町村議会議長会などは道州制導入に対して反対を表明しています。もし国会上程ということになれば、約120年も続いてきた都道府県の廃止と大規模な市町村合併という大ごとになります。自民党道州制推進本部は、2013（平成25）年以降、「道州制推進基本法案（骨子案）」を国会に上程したいとしていますが、町村の反対、自民党内の合意不調などで見送られてきました。

現職知事・市長の動き

　自治法第6条第1項は「都道府県の廃置分合又は境界変更をしようとするときは、法律でこれを定める」としています。この本則は、都道府県がいかに反対しようとも、国会は、全国一斉に都道府県を廃止し、これに代わる新たな広域の単位（例えば道州）を設置する法律を制定できることを含むと解釈できます。もちろん、そのような法律制定が政治的に可能かどうかは別ですが、自治法上の扱いとしては都道府県廃止と道州新設への途は開かれているといえます。憲法改正の問題ではなく、法律マターなのです。最初に指摘しましたように、これは憲法第92条の意味です。

　1都1道2府43県の計47の法人を一斉に消滅させ、全国を例えば10程度の区域にくくり直し、それぞれに「道又は州」を新設するとなると、それこそ「一大事」です。自治体として消滅させると言われ、47都道府県の法人の機関（知事と議会）はどう考えているのでしょうか。

東日本大震災からの復旧・復興が行われる中で、２０１１（平成23）年5月には民主、自民、公明、みんなの四党の有志議員（約１５０人）が道州制を推進する議員連盟「道州制懇話会」を発足させ、２０１２（平成24）年４月には「地域主権型道州制の導入を目指す道州制推進知事・指定都市市長連合」（9知事15政令市長）が設立されています。１２０年余も続いてきた都道府県制の廃止を現職の知事・市長たちが先導しようとしています。そうした自治体では、道州制に関する調査研究をさせられている職員がいますが、どんな気持ちで、そうした作業をしているのでしょうか。

「基本法案」の問題点

２０１４（平成26）年の第2次安倍改造内閣では、自民党道州制推進本部の本部長は今村雅弘《いまむらまさひろ》氏から佐《さ》田《た》玄一郎《げんいちろう》氏へ代わりました。佐田氏は、本部長就任当初、「道州制推進基本法案」を棚上げにし、国の地方支分部局を存置させ、それと複数都道府県が連携する「強い広域連合」を構築するなど、従来の方針を修正する考えを表明しました。しかし、本部役員会では異論も出て、「道州制の旗は降ろさない」「それに至る様々な方法を今後考えていく」ということで意見集約を見たと言います。どのような展開をみせるか不透明です。なお、２０１４年暮れの総選挙用の公約である自民党の「重点政策集２０１４」の中では、「道州制の導入に向けて、国民的合意を得ながら進めてまいります。導入までの間は、地方創生の視点に立ち、国、都道府県、市町村の役割分担を整理し、住民に一番身近な基礎自治体（市町村）の機能強化を図ります。」としています。

基本法案では、「『道州制』は、道州及び基礎自治体で構成される地方自治制度である」としています。これは、これまでの地方自治制度を、「道州と基礎自治体」という、より規模の大きな「広域」と「基礎」という二層制へ転換するという意味です。「道州制」における「基礎自治体」は、「住民に身近な地方公共団体として、都道府県及び市町村の権限をおおむね併せ持ち、住民に直接関わる事務について自ら考え、かつ、自ら実践することができる主体とする」とされています。

「基礎自治体」への固執

まず看過できないのは、市町村とはいわずに「基礎自治体」といっている点です。「基礎自治体」は地方公共団体の名称ではないし法律用語でもありません。現行では基礎的な地方公共団体は市町村です。「基礎自治体」といっているのは、これまでのような市・町・村という呼称上の区別をせず、基礎的な地方公共団体を一つの名称で表そうとしているのかもしれません。しかし、「基礎自治体」は、単なる呼称の問題ではなく、現行の市町村の合併・再編なしには成り立たないものと考えられているのです。

全国町村会等から、「道州制」は明らかに現行の市町村の再編を意図しているのではないかという強い批判が出されたため、基本法案（２０１３年10月30日版）では、この「基礎自治体」に関連する箇所のうち、「道州制」が市町村合併を前提にしていると受け取られるような表現を削除しています。「住民に身近なことは全て自ら決定できる自己完結型の地方公共団体としていく」を「基礎自治体は、住民に必須な行政サービスを持続可能な形で提供していく」に変え、「市町村の区域を基礎として設置され」や「地域完結性を有する主体として構築」や「市町村の区域を基礎として編成し」を削除するとともに、道州制国民会議への諮問事項の「基礎自治体の名称、規模及び編成の在り方」から「規模及び編成の在り方」を削除しています。

この修正の趣旨が「道州制」は市町村合併を前提にしないということであるならば、多様な規模の市町村が存在し続けることになりますから、「道州制」は、巨大な広域的な地方公共団体としての「道州」と「基礎自治体」としての「市町村」とによって構成される、相当に不釣り合いの地方自治制度となります。

「基礎自治体」は「都道府県及び市町村の権限をおおむね併せ持ち」としながら、現行の小規模市町村がその処理主体になれると考えているのでしょうか。本音はやはり合併でしょう。ややきつい言い方をすれば、「小規模市町村たたみ」です。しかし、合併への反発が強く、とても合併を強制できませんから、自主的な再編を促すということになるかもしれません。そうなれば、自主的に単独の道を選択することもありますから、合併しない市町村は「基礎自治体」にはなれないことになります。そういう市町村はどう扱われるのか。おそらく、単独では権限移譲を受けられない市町村については、道州の機関による補完や近隣の基礎自治体による水平補完などの仕組みによって対応するということになるのでしょう。

基本法案は、道州制の導入のあり方について具体的な検討に着手するため、その基本的方向及び手続について定めるもので、具体的には、内閣に内閣総理大臣を長とする推進本部と、その諮問機関として内閣府に「道州制国民会議」とが設置されるとしています。基本法という法形式は、国会が、法律の形で、政府に対して、国政に関する一定の施策・方策の基準・大綱を明示して、これに沿った措置をとることを命ずるという性格・機能を有しています。道州制の内容や必要性などについて国民の理解と支持が不十分であるにもかかわらず、むしろ、それゆえに、基本法を成立させることにより道州制実現の突破口にしようとしているともいえるのです。

全国再編の難点　なぜ都道府県を廃止し巨大な道又は州を設置するのか、どうして国の役割を極力限定するのか、税財政制度はどうなるのか等、疑問は尽きません。国の役割を外交・防衛・司法などに限定するといっていますが、グローバル化時代において内政から手を引き国民生活のニーズに対応しないような中央政府が国際舞台で信用され外交能力を発揮することができるのでしょうか。

全国を10程度に再編するといいますが、北海道と沖縄県については地域的には単独扱いになるでしょうから、本州を切り直すことになります。東北6県を一つ、九州7県を一つ、関西2府4県を一つにするといわれていますが、一つにする理由は簡単にはつきません。州都の位置も問題になります。道州制導入に賛同している指定都市の市長は、自分のところが「州都」になると踏んでいるのでしょう。

最も難しいのは東京圏の扱いです。東京都を中心に神奈川、埼玉、千葉の3県が一緒になって一つの州にする案があります。東京都も東京の財界筋も主な関係者は1都3県案です。確かに、通勤・通学などで1都3県は融合化しており、この圏域に一つの地方政府を創設する理由はあるといえます。しかし、もし1都3県がまとまって一つの州を形成するとしますと、その人口は約3、500万人になり、東京一極集中どころか、超巨大な一極集中地域が出現し、他の府県がどのようにまとまろうが、とても太刀打ちできる相手ではなくなります。1都3県案は無理であるから東京都か特別区の区域だけで一つの州をつくるということになれば、融合状態にある周辺の自治体とは広域連携を結ばざるを得なくなります。道州制は、広域連携など不要になる、独立性の強い広域の単位をつくろうとする構想のはずです。東京の扱い一つでも至難の業です。

広域総合行政主体の夢幻

道州制案は、現行の都道府県を廃止し、広域の地方公共団体である都道府県より遥かに広い区域を設定し、そこに「道州」を置こうというものです。府県のそれぞれの区域を分割せずに一括してまとめようとすれば基準が要ります。その有力な基準として国の地方支分部局（出先機関）の単位が想定されています。戦後改革により府県知事が直接公選になり、当時の内務大臣から国政事務を原則的に都道府県へ委譲し出先機関を整理統合する方針が示されました。しかし、当時の大蔵をはじめ農林、厚生などの省庁はこれに反対し、出先機関が存置されることになり、その後、高度経済成長期を通じて増殖しました。この省庁縦割り行政を何とかしなければならないが、分権時代に、かつての「地方庁」構想のような道州を国の総合出先機関にはできない、国の出先機関を不要にしつつ、公選首長の下に広域の総合行政主体をつくるにはどうすればよいか。それが道州制案なのです。

ですから、「東北は一つ」とか「九州は一つ」といった自治の単位になるとは思えない巨大州の提案になるのです。国の出先機関の扱いをどうするのか。道州を新設しても国の出先機関が残ってしまえば、国の出先機関が配置されている管区またはブロックにおける総合行政主体はつくれない。ですから、道州は、住民自治とはかけ離れた巨大な行政主体にならざるを得ないのです。

しかも、原則として国の出先機関を解消しようとすれば、当然ながら、「霞が関の解体と再編」になります。仮に内政に関する事務権限をほとんど道州へ移管するということになれば、それは単なる国の出先機関の「整理合理化」には終わらない。出先機関を抱える農林水産省、国土交通省、厚生労働省、経済産業省、環境省などは痩せ細ります。内政に関する事務権限とそれに必要な税財源を道州に移管すれば、財務省の予算編成機能も徴税機能も相当に縮小します。道州の自立に見合って地方交付税の役割を縮小すれば総務省の存在理由も弱まります。道州制の導入は、「霞が関」とのほぼ全面的な「戦争」になるのです。

全国知事会は、行政分野別のプロジェクト・チームを設置して、２００８（平成20）年2月には8府省17機関の見直しについて提言を取りまとめています。しかし、関係省庁の抵抗は強く、内閣も、これを抑えて改革を断行する「統治能力」を発揮できない、あるいは発揮しないでいます。これ一つを考えても道州制は「夢幻」というほかないのです。現職の国会議員や現職の知事・指定都市の市長の中に、こんな「夢幻」に惑わされて、道州制を「究極の分権改革」だと言っている人がいるのですが、道州が、現憲法にいう「地方公共団体」になるのかどうか納得できる説明がほしいものです。

さらに、日本の経済を元気にするというのが道州制案の「売り」になっています。地域経済の活性化論です。各圏域が民間活力を引き出し経済的に自立すれば、国の財政への依存度を減らせる、今の都道府県では区域が狭すぎ、それが経済活動を阻害していると見ています。日本経済は、奇跡とまで言われた高度成長を遂げましたが、47に分かれている都道府県の行政区域がその阻害要因になったという証拠は寡聞にして知りません。道州制にすれば日本の経済は再び成長するなどというのは本当でしょうか。

後藤・安田記念東京都市研究所が主催した、２０１３（平成25）年6月の『都市問題』公開講座は、「見果てぬ夢か？　道州制」と題して行われました。私は、「道州制推進基本法案と日本の地方自治制度」と題し基調講演をしましたが、ほとんど「見果てぬ夢」になるのではないかという所見です。

X　自治体間連携

再起動の地制調　話が前後するようですが、民主党政権下での地方制度調査会再開に触れておきたいと思います。２０１０（平成22）年5月25日、鳩山内閣当時の平野博文《ひらのひろふみ》内閣官房長官は、衆議院本会議で、地方制度調査会について「昨年7月以降、委員は任命されていない。廃止を含めて見直しを検討する」と大胆な判断を示しました。地方制度調査会は、内閣総理大臣の諮問に応じ、地方制度に関する重要事項を調査審議するため、地方制度調査会設置法（１９５2年8月）によって内閣府に設置されている審議会です。この設置法自体を廃止せず、代わって総務大臣決定（２０１０年1月1日）で総務省に置かれたのが「地方行財政検討会議」でした。時の総務大臣は元鳥取県知事・片山善博《かたやまよしひろ》氏でした。しかし、この会議は、端的に言えば、総務大臣の私的諮問機関にすぎず、その構成員（委員とは呼ばない）には、地方六団体から正式な代表者が加わっていなかったのです。この検討会議の議論を経て、総務省は、片山総務大臣の主導の下で自治法改正案を示しましたが、地方六団体側から「拙速だ」などと反発が出て、通常国会への提出が見送られました。

片山大臣は菅内閣の退陣が近いことを見越し、改正問題が雲散霧消しないよう、地方制度調査会を再開しました。初会合で菅直人首相から諮問が行われたのは退陣の9日前、2011（平成23）年8月24日でした。委員は、学識経験者18人、国会議員6人、地方六団体6人、臨時委員2人で、検討会議の6人の有識者全員が委員に横滑りし、そのうち、会長に西尾勝（財）東京市政調査会理事長、学識経験者18人で構成する専門小委員会の委員長に碓井光明《うすいみつあき》明治大学教授が就任し、人事においても検討会議との継続性は明らかでした。これが、第30次地方制度調査会です。

第30次地方制度調査会の答申と自治体間連携

調査会は、2013（平成25）年6月に、安倍晋三《あべしんぞう》首相に「大都市制度の改革及び基礎自治体の行政サービス提供体制に関する答申」を提出しました。答申は、「少子高齢化が進行し、わが国が人口減少社会となったことは否定できない事実である。人口減少が進む中にあっても集落の数はそれほど減少せず、人々は国土に点在して住み続け、単独世帯も増加していく。医療、介護、教育、交通、災害対応等の分野において、住民に身近な基礎自治体の役割が増え、住民1人当たりの行政コストも増大することが見込まれている。このことを前提にして、これからの我が国のあり方を真剣に考えていくことが必要である。」と指摘しました。人口減少社会の到来という新たな文脈で市町村の事務処理体制を考えなければならなくなったと言えます。そのため、自治体の連携で市町村行政の水準維持を図ろうという考え方が前面に出てきました。

自治体間連携については、既に人口5万人以上を「中心市」とする定住自立圏が動いていますから、首都圏、関西圏、中部圏の3大都市圏以外の人口20万以上で昼夜比率1以上の要件を満たす「地方中枢拠点都市」が、新たに協約を結んで連携に乗り出すことになるのですが、自治法上は、普通地方公共団体は、他の普通地方公共団体と連携して事務を処理するに当たっての基本的な方針及び役割分担を定める連携協約を提携できる、という仕組みになっています。

連携協約

この連携協約は、事務や政策の実施について一部事務組合や協議会などの組織によらず直接協力できる仕組みであるといえます。連携の字義は「連絡を密に取り合って、一つの目的のために一緒に物事をすること」ですが、連携といっても関係者間の関係が必ず対等・協力の関係になるとは限りません。「連携協約」を「国家間の条約」になぞらえ、単なる自治体間の紳士協定ではなく法的効力を持つ「約束」とする考え方なのです。ここには自治体間関係を「政府間関係」と見る視点が内包されているといえます。

連携するからといって、中心になる都市と周辺自治体が上下主従の関係になるわけではありません。「連携協約」に不可欠なのは協議であり、互恵を求めて協議を行い合意に至った事柄は当事者が誠実に遵守することになります。「連携協約」をめぐるトラブルが自治体間で起きた場合は、総務大臣や都道府県知事が任命する自治紛争処理委員に処理方策を示すよう要請できることになっています。「当事者である自治体はこれを尊重し、必要な措置を執るようにしなければならない」と尊重義務も定め、協約を結ぶための協議については各地方議会の議決を条件としたのも、自治体の意思決定として重みを持たせ、首長の交代などで協力関係が混乱する事態を極力回避しようとしたからであるといえます。

事務の代替執行

一方、答申は、「小規模な市町村などで処理が困難な事務が生じた場合において、地方中枢拠点都市や定住自立圏の中心市から相当距離がある等の理由から、市町村間の広域連携では課題の解決が難しいときには、当該市町村を包括する都道府県が、事務の一部を市町村に代わって処理する役割を担うことも考えられる」とし、自治法には、「事務の代替執行」制度が創設されました。法文は「普通地方公共団体は、他の普通地方公共団体の求めに応じて、協議により規約を定め、当該他の普通地方公共団体の事務の一部を、当該他の普通地方公共団体又は当該他の普通地方公共団体の長若しくは同種の委員会若しくは委員の名において管理し及び執行すること（以下この条及び次条において「事務の代替執行」という。）ができる」（自治法第252条の16の2）となっています。

これまでも事務委託の形で自治体の機能を補完する方法はありました。しかし、この場合は、行政サービスは委託された団体の名において行われ、権限も移行してしまうのです。これをそのまま都道府県に当てはめると「垂直補完」になってしまい、上下関係を固定化しかねません。そうなれば町村側の反発を招きかねません。事務の代替執行にすれば、当該事務はあくまで町村の名において行われ、都道府県が管理・執行に当たるものの、その効力は町村に帰属することになるのです。この代替執行の実施は都道府県と町村同士が規約を結び、事務の範囲や経費の支弁方法を取り決めることが必要です。

実際に事務の代替執行が行われるかどうかは、市町村側のニーズと都道府県の対応次第です。仮に、一部でも、都道府県による事務の代替執行ということになれば、都道府県の役割を再確認する必要が出てきます。都道府県は市町村の存在を前提にし、市町村のために存在していることを重視すれば、「連携協約」によって市町村の事務を代替執行することは都道府県の存在理由を強めることになりうるからです。

XI　人口減少時代の到来と地方創生施策

このうち、「連携協約」による広域連携は、２０１４（平成26）年11月21日に成立した「まち・ひと・しごと創生法」の中で、各種の事業・整備を行う場合、「地域の実情に応じ、地方公共団体相互の連携協力による効率的かつ効果的な行政運営の確保を図ること（第2条第6号）」という表現で組み込まれ、同年12月27日に閣議決定された、２０１５（平成27）～２０１９（平成31）年度の5か年の「総合戦略」の中では、主な施策に「地方都市における経済・生活圏の形成（地域連携）」として盛り込まれました。都市のコンパクト化と周辺等のネットワーク形成、「連携中枢都市圏」の形成、定住自立圏の形成促進が書き込まれ、重要業績評価指標として「定住自立圏の形成促進：協定締結等圏域数１４０」とあります。広域連携は地方創生事業と一体化し始めたといえます。

「増田レポート」の衝撃

「まち・ひと・しごと創生法」を検討する前に、人口減少の問題に対する国の政策展開を一挙に促した「増田レポート」に触れておきたいと思います。広く自治体関係者の関心を喚起したのは、元岩手県知事で元総務大臣の増田寛也《ますだひろや》氏が中心となってまとめた、いわゆる「増田レポート」でした。最初は『中央公論』２０１３（平成25）年12月号の論考「２０４０年、地方消滅。『極点社会』が到来する」が、次いで、「日本創生会議・人口減少問題検討分科会」（分科会長・増田寛也）の「成長を続ける21世紀のために『ストップ少子化・地方元気戦略』」（平成26年５月８日）が公表されました（増田寛也編著『地方消滅―東京一極集中が招く人口急減』２０１４年、中公新書として単行本化）。

『中央公論』の論考の中で「地方が消滅する時代がやってくる。人口減少の大波は、まず地方の小規模自治体を襲い、その後、地方全体に急速に広がり、最後は凄まじい勢いで都市部をも飲み込んでいく」と人口減少の末路を指摘しました。地方から若者たちが大都市に流出していったが、その若者たちは子供を産み育てる余裕がない状態では、「本来、田舎で子育てすべき人たちを吸い寄せて地方を消滅させるだけでなく、集まった人たちに子どもを産ませず、結果的に国全体の人口をひたすら減少させていく。」とし、これを「人口のブラックホール現象」と名付けました。

将来の人口減少動向は３つのプロセスを経て高齢者すら多くの地域で減少していくとしました。第一段階は「老年人口増加＋生産・年少人口減少」、第二段階は「老年人口維持・微減＋生産・年少人口減少」、第三段階は「老年人口減少＋生産・年少人口減少」が起き、恒常的に老年人口でさえ減少する本格的な人口減少時代を迎える。大都市や中核市は第一段階にあるのに対して、地方では既に第二段階、さらには第三段階に差しかかっている地域もある。地方での高齢者人口が減少するため、医

療・介護サービスが過剰気味となり、雇用吸収力が減少することで、人材が大量に後期高齢者の絶対数が急増する東京圏へ流出する可能性が高い。２０４０年までには、いくら出生率を引き上げても、若年女性減少によるマイナス効果がそれを上回るため、人口減少が止まらず、自治体の消滅可能性が高まると言わざるを得ないとしました。

子どもの95％は20～39歳の女性が産んでいることに着目し、この層を若年女性と呼び、２０１０（平成22）年を基準年にして30年後の２０４０年までにどのくらい減少するかをほぼすべての市町村について推計し、市町村名が入った一覧表を発表したのです。

大都市への人口移動が収束しない場合、２０１０（平成22）年と比べ２０４０年に若年女性が50％以上減少する８９６自治体を「消滅可能性都市」とし、そのうち２０４０年に人口が１万人を切る５２３の自治体は「消滅可能性が高い」としました。「消滅可能性が高い」と名指された市町村に衝撃が走りました。「消滅」の2字の効果です。

私は、すぐに「『自治体消滅論』の罠」と題する小論を書きました（『町村週報』２０１４年5月19日号）。「増田レポート」は、確かに急激な人口減少（社会減と自然減の同時進行）によって市町村の存立基盤が危機に瀕《ひん》することに警鐘を鳴らしたといえます。地方消滅とか消滅可能性が高まるといわれると、人口減少で自治体が消滅すると思われやすいのです。こうした予測に関しては次の2点に留意する必要があるのです。

要注意な「自己実現的予言」

1つは、予測の思わぬ影響についてです。単に未来のことを記述しているように思われる言説（予想・予測）が、現在の人びとの行動に影響を与え、その結果、その言説が現実化してしまうことを、米国の社会学者ロバート・K・マートンは「自己実現的予言」(self-fulfilling prophecy) と呼んでいます。たとえ根拠のない噂や思い込み（予言）であっても、人々がそれを信じて行動してしまうと、結果として予言通りの現実がつくられるという現象のことで、マートンは、「銀行資産が比較的健全な場合であっても、一度支払不能の噂がたち、相当数の預金者がそれをまことだと信ずるようになると、たちまち支払不能の結果に陥る」という例をあげています。日本の諺《ことわざ》では「嘘から出たまこと」です。

もちろん「増田レポート」は根拠のない推計ではないのですが、問題は、その推計が描く未来の姿が人びとの気持ちを萎えさせてしまうことにあるのです。市町村の最小人口規模など決まっていないにもかかわらず、若年女性の半減で自治体消滅の可能性が高まると言われると、「ああ、やっぱり、だめか」と人びとが諦めてしまい、市町村を消滅させようとする動きが出てきてしまうことなのです。

そうなれば自治体消滅という予言が自己実現してしまうのです。もちろん「増田レポート」は、自治体消滅を意図しているわけではないでしょうが、その人口推計の思わぬ影響に留意する必要があります。

自治体の消滅とは――法人であることの放棄

もう1つは、「自治体消滅」の意味についてです。「増田レポート」は、市町村合併による自治体消滅には言及していません。今まで、人口減少によって消滅した市町村はありませんが、市町村は消滅しています。論理的には、ある自治体の人口が限りなくゼロに近づいていけば、自治体は存立し得なくなるでしょうが、そうした事態は日本全体が消滅の危機に瀕《ひん》するときですから、今から想定しても仕方ありません。

自治体は法人ですから、自然に消滅することはないのです。この点の理解が重要です。第1講で述べましたように、自治法は「地方公共団体は、法人とする」（第2条第1項）と規定しています。法人としての任務遂行の責任を法人の機関、議事機関（議会）と執行機関（首長等）に負わせています。自治体が消滅するとは、法人格を有する地方公共団体がなくなることです。消滅というと自然になくなるというイメージがなくはないのですが、ある地方公共団体を法人として消滅させるには人為的な手続が必要なのです。

事実、わが国では、明治以来、市町村合併が進められ、おびただしい数の市町村が法人格を失い、消滅しているではないですか。「平成の大合併」でも、1999（平成11）年4月から2010（平成22）年3月末では、市町村数は3，232から1，742へ減少し、特に人口1万人未満の町村は1，537から465へ激減しているのです。

自治法第7条第1項は「市町村の廃置分合又は市町村の境界変更は、関係市町村の申請に基き、都道府県知事が当該都道府県の議会の議決を経てこれを定め」としています。市町村合併は、あくまでも「関係市町村の申請」に基づくという意味で自主的合併しかないのです。国は、「強力に推進」することはできますが、強制することはできないのです。自治法第7条の規定を前提にする限り、市町村が消滅するとは、関係市町村が自ら法人であることを放棄する場合なのです。それは、法人としての任務の遂行を法人の機関とそれらを選挙している住民が断念するときなのです。

自然条件や社会・経済的条件が厳しい地域であればこそ、自主・自律の気概で、人口減少を乗り越えようとする首長・議会・地域住民の強い意思があれば、市町村が消滅することはありません。大規模な市町村合併が進んだということは、国や県から実際には強要された面があったにしても、市町村自身が、自ら自治体としての自治を放棄したことになるのです。人口減少に直面している市町村が自ら法人であることを放棄して、隣接の他の自治体に包摂されない限り、自治体は存続し続けます。

「まち・ひと・しごと創生法」の特色

さて、「まち・ひと・しごと創生法」は、人口の減少に歯止めをかけるとともに、東京圏への人口の過度の集中を是正し、「国民一人一人が夢や希望を持ち、潤いのある豊かな生活を安心して営むことができる地域社会の形成」（まち）、「地域社会を担う個性豊かで多様な人材の確保」（ひと）、「地域における魅力ある多様な就業の機会の創出」（しごと）を目的にして、「結婚や出産は個人の決定に基づくものであることを基本としつつ、結婚、出産又は育児について希望を持てる社会が形成されるよう環境の整備を図ること」や「地域の特性を生かした創業の促進や事業活動の活性化により、魅力ある就業の機会の創出を図ること」などを基本理念に掲げています。

法律で「人口減少に歯止めをかける」ことを明言したのは初めてです。東京一極集中の是正は、これまで幾度も言われてきましたが、それは、主として政治、行政、企業、情報、団体・業界などの諸活動の中枢管理機能の集中の是正でした。この法律では、「人口の過度の集中を是正する」というように人口に焦点を当てています。この点も新しいといえます。

国は、この基本理念に沿って、まち・ひと・しごと創生総合戦略（目標や施策に関する基本的方向等）を策定し、これを勘案して、都道府県と市町村は、地方の人口ビジョンと地域の実情に応じた目標と施策を入れた地方版総合戦略を策定するよう努めることとなりました。

２０１４（平成26）年12月27日に、国では、まち・ひと・しごと創生の「長期ビジョン」と「総合戦略」が閣議決定されました。その全体像（概要）は、次のようなものです。

長期ビジョンは中長期展望（2060年を視野）を示すものであり、大きく2つの政策目標を設定しています。1つは「人口減少問題の克服」であり、2060年に1億人程度の人口を確保することを目指し、そのために、人口減少の歯止めとして国民の希望が実現した場合の出生率（国民希望出生率）を1・8に設定し、「東京一極集中」是正を図るとしています。もう1つは「成長力の確保」で、2050年代に実質GNP成長率1・5～2％程度（人口安定化、生産性向上が実現した場合）を維持することを目指すとしています。

人口減少への対応には、出生率の向上により人口減少に歯止めをかけ将来的に人口構造自体を変えていこうという「積極戦略」と、仮に出生率の向上を図っても今後数十年間の人口減少は避けられないことから、今後の人口減少に対応し、効率的かつ効果的な社会システムを再構築していく「調整戦略」が考えられるとし、この2つを同時並行的に進めていくための基本的な視点が、①「東京一極集中」の是正、②若い世代の就労・結婚・子育ての希望の実現、③地域の特性に即した地域課題の解決とされています。

このうち、「地方への新しいひとの流れをつくる」ために、東京圏年間10万人の転入超の現状を2020年に地方・東京圏の転出入均衡を達成するとしています。そのために地方から東京圏への転入を約6万人減らし、東京圏から地方への転出を約4万人増やす方策が考えられています。

国の「長期ビジョン」と「総合戦略」を勘案して、都道府県と市区町村が、それぞれ、地方人口ビジョン（各地域の人口動向や将来人口推計の分析や中長期の将来展望の提示）と地方版総合戦略（各地域の人口動向や産業実態等を踏まえ、２０１５（平成27）～２０１９（平成31）年（５か年）の政策目標・施策の策定）を行うことになりますが、地方が自立につながるよう自らが考え、責任をもって戦略を推進し、国は、情報支援、人的支援、財政支援を切れ目なく展開するとしています。

地方では、合計特殊出生率は東京などの都市部に比べ総じて高い水準を維持しながらも、若い世代の流出に悩んできました。地方は、人口減少の問題に、どこよりも早く気付き、結婚支援、子育て支援、若者の雇用や居住環境の整備、６次産業化、ＩＵＪターンの促進、グリーンツーリズムなどの施策を実施しています。さらに、市町村自ら、地域の再生と発展を図っていかなければならないわけです。地方には、地域の資源や技を組み合わせて、新しい産業を興すというような仕事であれば、若者が挑戦すべきフロンティアとしての可能性が十分にあります。さらに、こうして自らが主体的に開拓する仕事と、農山漁村の豊かな自然を活かした暮らし方を組み合わせて、自分の生活をデザインすることまで考えれば、農山漁村は、大都市に勝るとも劣らない若者たちの新たな活躍の場になり得るのです。

人口減少に立ち向かう姿勢と実行力が自治体の新たな課題となりました。人口急減に歯止めをかけるには、長い年月をかけた、粘り強い、着実な努力の積み重ねが必要です。全国の市町村は、人口急減に立ち向かう方途を自ら選び取り、地域の暮らしと自治を守り通していくことができるかどうか、その意志と覚悟を問われているといえます。各自治体で、将来をかけた人口ビジョンと総合戦略の策定を安易に民間委託せずに自前でできるかどうかは、その職員の頑張りによっています。総合計画の策定を民間に丸投げしたようなかつてのやり方を繰り返してはならないと思います。

2つの自由と人口政策

日本国憲法第22条は「何人も、公共の福祉に反しない限り、居住、移転及び職業選択の自由を有する」と規定しています。ある市町村で生まれ育った人が、その「生まれ故郷」で暮らそうが、他の地域に出て行って暮らそうが自由です。このたびの地方創生施策では「地方への新しいひとの流れをつくる」としていますが、この自由を前提にしている以上、どうしたら、地方から大都市への流出を食い止め、大都市から地方への移住を増やすことができるかは、ひとえに、それを可能にする社会経済的な政策の実効性ということになります。これは相当に大変です。

憲法は、また、「婚姻は、両性の合意のみに基いて成立し、夫婦が同等の権利を有することを基本として、相互の協力により、維持されなければならない」（第24条）と規定しています。男女が合意に至らなければ結婚は成立しないのですから、強制はもとよりできませんし、結婚するかどうかは当事者の自由な選択に委ねられています。この自由を前提にして、結婚・出産を促すことになるのです。これも相当に大変です。

国の「長期ビジョン」では、「2060年に人口1億人」を実現するシナリオとしては、現在1・43の出生率が2020年に1・6、2030年に1・8、2040年に人口置換水準の2・07が達成されると想定しています。しかし、出生率を向上させる方策には「『これさえすれば』というような『決定打』もなければ、これまで誰も気づかなかったような『奇策』もない」とし、人口減少に歯止めをかけるには長期的・継続的な取組が必要であるとしています。原案では、出生率1・8を「まず目指すべき水準」としていたのですが、「我が国においてまず目指すべきは、若い世代の結婚・子育ての希望の実現に取り組み、出生率の向上を図ることである」と修正されました。「結婚や出産はあくまでも個人の自由な決定に基づくものであり、個々人の決定にプレッシャーをあたえることがあってはならない。」からです。

国籍法と結婚制度

住民基本台帳法に基づく総人口は、日本人住民と外国人住民の合計です。自治体と地域にとって外国人住民の存在と活動は重要です。地域の現場で働いている外国人実習生や介護等の職場で働いている外国人人材を想起すれば容易に理解できます。外国人との共生は自治体の重要な課題です。

ただし、人口減少に歯止めをかけるといっている場合の人口は日本人人口なのです。それは、日本の国籍法に関係しているのです。普通、私たちは、自分が日本人で、両親も日本人であることを別に気にしていません。当たり前だと考えているからです。出生による国籍の取得については、自国民から生まれた子に自国の国籍の取得を認める血統主義と、自国で生まれた子に自国の国籍の取得を認める出生地主義とがあります。日本の国籍法は「血統主義」を採用しています。

日本の国籍法は、出生による国籍の取得に関して、子は、①出生の時に父又は母が日本国民であるとき、②出生前に死亡した父が死亡の時に日本国民であったとき、③日本で生まれた場合において、父母がともに知れないとき、又は国籍を有しないとき、「日本国民とする」と規定しています。日本国民でない者（外国人）は帰化によって日本国籍を取得することができますが、法務大臣による許可を得なければなりません。その許可には、居住、能力、素行など相当に厳しい条件が課せられています。国籍取得における血統主義を維持している限り、日本社会は、基本的に、日本人である親から生まれた子どもが次世代を成していく社会であるということができます。

ところで、日本では出産は結婚と強く結びついています。同棲関係や婚外で産まれた子どもを社会が育てるという発想は極めて弱いですね。結婚すれば、平均して子どもを2人は産んでいる。決め手は結婚の成否です。若い男女が結婚しなくなり、晩婚化すれば、出生児数が減り、人口の縮小は必至となるわけです。

国籍取得の血統主義をとるわが国の人口減少問題の核心は、なるべく早めの結婚の成否です。結婚して子どもを産んだ夫婦を支援・激励する手立てはさまざまに打てます。根本問題は、若い男女が結婚に至るかどうかです。最近は、自治体職員にも未婚者が増える傾向にあると言います。自治体は人口減少問題に必死に取り組んでいるのだから、自治体の職員は必ず結婚し、子どもを2～3人はつくるべきだ、とは言えません。「個々人の決定にプレッシャーをあたえること」がないように、しかし、いかにして結婚・出産を促すか、工夫のしどころです。

第3講

地域観と自治体職員

自治体職員が働く場は、基本的には、地域と職場ですから、地域と職場が自治体職員の意識と行動を規定していると考えることができます。以下、この2つの場をどのように捉えるのかを検討します。まず地域からですが、地域は自治体の区域であり、人びとの暮らし場所でもありますから、地域をどのように捉えるかは、自治体職員の素養問題であるといえます。

Ⅰ　地域―自然と物と人と出来事

自治体は、境界線を持つ一定の区域を前提に成り立っていて、各自治体の意思決定の効果は原則としてその区域に限定されています。この場合の区域は、自治体としての権限が及ぶ範囲ということになります。この境界線で区切られた一定の空間は、眼に見える形では、自然と物（人工物）と人によって構成され、それらが単独で、あるいは結びついて、出来事を生み出しています。出来事が情報化されて蓄積されると地域の歴史となります。

ある地域が他の地域と違うのは、その構成要素のそれぞれに特色があり、それらの結びつき方が異なるからです。それが地域の固有性と言えます。しかも、そこには人・物・情報などが流出入しますから、決して閉じた空間ではなく、外部からの影響が及び、絶えず変化していきます。住民は一所《ひとつところ》で生涯を終えることもできますし、国内なら自由に移動できます。こうした人びとの動きは、地域の動向やその自治体のゆくえを左右する重要な要因になっています。

自然をどう捉えるか

ある地域を構成する自然という要素をどう考えるか。この自然は動植物の営みのことですが、具体的な地域では、天然、すなわち人の手が加わらない状態としての自然はほとんどなくなっています。何らかの形と程度で人の手が加わってしまっています。人の手が加わっているということは、人間の心（意向）と技が入ってしまっていることを意味しています。

人間の心と技の表現様式のことを「文化」と呼べば、地域で見聞きできる自然はほとんどが文化現象であるといえるのではないでしょうか。まっさらな自然はほぼ失われています。問題は現にある形・姿をとって現れている自然をどうするかです。

現に見聞きできる自然が文化現象であるとはいっても、自然には固有の営みがあり、簡単に人間が統制・管理できない面があります。あるいは、むやみに人間の都合で統制・管理しようとしてはならないともいえます。自然としての樹木・草花やそれに群がる動物たちは人間の意向と関係なく独自の生を生きています。動植物たちは人間が妨害しない限り生物としての摂理に即して生き死にます。それを人間が尊重する限り、この自然との共生は可能です。人間の意向や都合に自然を屈服させ、嫌だから面倒だから邪魔だから排除するということになれば、地域から自然はなくなっていきます。いわゆる完全に市街化された都市地域から自然が失われていくのは人間が自然を排除しようとするからです。

もし人間が地域から自然はいらないという断固とした意思を持てば、自然を駆逐することはできるかもしれません。その代わりに人間の思いのままになる人工物で埋め尽くして、快適で便利な住み場所ができたと自画自賛する都会人がいれば、その人は哀れというほかないとも言えます。

なぜなら外部の自然を遠ざけても、自分自身の身体が自然であることを否定できないからです。身体は他の動植物と同じく生まれ成長し老い死にます。生老病死は必然です。そう思いたくなくとも、それは避け難い。外部の自然との共生とは内に自然を持っているという厳然たる事実を認めることなのです。

どこの地域でも見聞きできる自然が、一面ではそこに暮す人びとの心と技の表れであるとすると、何よりも地域は人びとの自然観の表現であるということができます。それを水で考えてみましょう。地域で水といえば、湧水・川・河・水路であり、溜池・湖沼であり、上水であり、雨水溝であり下水です。多くの都市地域では、かつての湧水は涸《か》れ、多くの水路は暗渠となり、河川はいたるところでコンクリート護岸と金網で区切られた都市下水路に変えられました。水清かった故郷の川でさえ汚染が進み水浴びはできなくなっています。どこの小学校にもプールができ、ペットボトルの「浄水」が売れ、家風呂の普及と清潔志向で水はジャブジャブ使われています。山と川と海が、水のシステムとして一連のものであるにもかかわらず、山を荒らし、川を涸らし、海を壊しています。どうしてなのか。生命の源としての水をないがしろにしているからです。荒れた心・意地汚い心・すさんだ心と未熟な技術・短慮な技術・狭量な技術が、川の水質と流れに反映しているのです。心と技を見直さなければ、生きた命の水は回復しないというべきではないでしょうか。

3・11―問い直される自然観

同じ自然でも地震・雷・台風・雨水などの気象現象は人間の思惑など寄せ付けませんから自然らしい自然だと言えます。それは、どうしようもないもの、災難が少ないことを祈る以外に術がないものです。昔は「地震・雷・火事・親父」といって、人びとが恐れるものをその順に並べましたが、親父の権威は著しく低下しましたし、火事はほとんどが人為ですから、地震・雷が依然として恐ろしい自然の営みということになります。その災いは「出来事」となって人びとの記憶や記録に残ります。その意味で地震と雷は地域の特色の一部です。ただし、地震や雷の発生は、地域の特色であっても地域の責任ではありません。ですから、これによって大きな被害を受けた地域には国や他の地域からの支援が行われるのです。

東日本大震災の特徴は、例えば１９９５（平成７）年の阪神・淡路大震災と比べると、被害の大半が津波と原発事故に由来し、被災地域が広域にわたっており、しかも、そこには多数の中小都市及び農山漁村が包含されていることではないでしょうか。被災した三陸海岸を訪れてすぐ気が付いたことは、高さ15・５m、東北一の防潮堤と水門が大津波から普代村《ふだいむら》を救った例はありましたが、津波来襲時に人命を守る最後の砦である人工物としての防潮堤が各所で破壊され、破壊されなかった防潮堤も津波が乗り越えてしまい、三陸海岸では点在する漁村の多くが壊滅的な被害を受けたことでした。自然の猛威の前には、残念ながら、この巨大な人工物は役に立たなかったのです。

津波の直撃を受け壊滅的な被害を受けた陸前高田市の女性が、テレビで「みんな、もう海辺には住まないって。海なんかいらないと」と声をふるわせていました。これを観た私は、恵みをもたらしてきた三陸の海が恨みと拒否の対象になっていることに「暗愁」の思いを禁じ得ませんでした。「暗愁」というのは、第２次大戦後死語となってしまったといわれる言葉ですが、「ずっしりと重い心のわだかまり、深い憂い」のことです。三陸海岸の人びとが、失った人とものへの深い悲しみを抱きつつも、「海は大事だ、海と共に生きていこう」という覚悟をよみがえさせる日が来ることを願わずにはおれませんでした。そこに職住近接の地域社会があったからです。日本列島は、これまで、繰り返し、台風と地震と津波に襲われてきました。しかし、日本の国土は豊かな自然に恵まれてもいるのです。多くの苦しみや困難があっても、大自然と共に生きていく以外にないのです。

考えてみれば、18世紀の後半に産業革命を開始して以降、日本を含む多くの国で、人間と自然との関係について、人間は自然（人間以外のもの）を征服し統制する力を持っている、持つべく使命づけられているという考え方が普及し強まりました。これが「人間中心主義（ヒューマニズム）」です。

人びとの暮らしをより便利で快適にする物づくりを盛んに行ってきましたが、それを可能にしてきたのは物質・エネルギー・情報という三つについての日進月歩の技術革新でした。中でも、電気は、大量に制御可能になった最初の「準人工エネルギー」ですが、今日では電気抜きの生活など考えられないほど不可欠なものになっています。日進月歩で進化している情報処理の装置も電気を利用しています。

実際の日常生活は電気なしには送れません。人間は電気の生産に原子力発電を持ち込んでしまいました。原子力発電は燃料のウランを連続的に核分裂させ、そのとき発生する熱で蒸気をつくり、タービンを回して発電する装置ですが、この過程で発生する放射性物質を安全に管理できることが前提になっています。頑丈な炉と人間の感覚に頼らない情報処理技術で守られていることになっています。日本の原子力発電所も、そう言われていました。

しかし、3・11の大地震に伴う福島原発事故で放射能が飛散しました。原子力は電力として使うのには無理なエネルギーではないかということが明白になったのではないかと思います。同じ「核」でも、核兵器は「絶対悪」ですが、原発は「核の平和利用」として許容し続けるのかどうかが問われています。福島原発事故の被災者にとっては、その是非こそが真の争点ではないでしょうか。太陽で起こっている核反応と同じ本質の核分裂の過程を直接エネルギー源に据えていますから、原子炉は「小さな太陽」であるといえます。これをわが国も安全に制御・管理できると思い導入しました。東京電力福島第一原子力発電所の事故で、その安全神話が消し飛び、多くの住民が故郷を追われ「帰還困難」が続いています。

太陽は、地球からの平均距離は約1億5、000万㎞といわれますが、放射されてくるその光があまりにも強く肉眼で直視できません。しかし、地球上の生物は、太陽から放射されてくる光と熱の恩恵を受け生命を紡ぎ続けています。植物の葉の葉緑体の中では光のエネルギーを受けて二酸化炭素と水からデンプンなどの有機物と酸素を合成しています。この光合成のおかげで地球上の多くの生物が生存してきました。学ぶべきは光合成の技です。太陽は遥か遠くにあることによってのみ恵みをもたらしてくれます。だからこそ「ありがたい」存在なのです。「太陽」を生命圏に引き寄せてはならないのです。

大地震と大津波は自然現象ですから防ぎようがありません。しかし、原子力発電をやめることはできます。自然を完全に制御しようとする考え方自体に無理があるからです。原発事故と放射性物質の飛散は、ある意味で、「人間は自然を征服し統制する力を持っている」という考え方を基礎にした産業文明のほころびが明白になったことを意味しているように思えてなりません。核分裂エネルギーへの依存を見直す以外にないのではないでしょうか。

地域を均《なら》していく物（人工物）　自然でさえも文化現象であるといえますから、物（人工物）は文化そのものといってよいのです。人の心と技が名称と用途を有する物として現れ、人びとの用に役立てられているからです。物は、物質とエネルギーと情報にかかわる技術開発の成果でもあります。人間は、便利さと快適さを求めて物づくりをやめません。それが経済の活性化にも結びついています。物は、運ばれ未知の人びとへと伝えられ、普及していきます。その普及に伴って生活様式も変わっていきます。それは、昨今の携帯電話・スマートフォンの爆発的な全国普及を見ればよく分かるというものです。

昔、大学のゼミの教材として、フランスの歴史学者・フェルナン・ブローデルの『物質文明・経済・資本主義』（村上光彦訳、全3巻、みすず書房、第1巻「日常性の構造」1985年）を使ったことがあるのですが、ブローデルは、この本の中で、ヨーロッパにおける「一八世紀の食品革命」を論じ、それまで未知であった物産がヨーロッパ人を魅了し、その生活様式が一新していく様子を描きました。物産とは衣食住を成り立たせている物の集合のことですが、今日では、食べ物、飲み物、衣類、建築資材、家具、電化製品、情報機器などです。日常生活を便利で快適にする「物」は、いとも簡単に地域の境界を越えて普及していきます。その典型が耐久消費財です。

日本では1950年代後半、白黒テレビ・洗濯機・冷蔵庫の家電3品目が「三種の神器」と言われ、普通の人びとが努力すれば手が届く商品であり、新しい生活の象徴でした。それに電気釜（炊飯器）

と掃除機も普及しました。1960年代半ばのいざなぎ景気時代には、カラーテレビ（Color television）・クーラー（Cooler）・自動車（Car）が「新・三種の神器」（3C）と呼ばれ、中でも普及が早かったのは1964（昭和39）年の東京オリンピックを境に売れ出したカラーテレビでした。2003（平成15）年頃から2010（平成22）年頃にかけて急速に普及したのがデジタル家電のデジタルカメラ・DVDレコーダー・薄型テレビは「デジタル三種の神器」でした。今は、どこへ行っても、パソコン、携帯電話・スマートフォン、カーナビゲーション、アルミサッシ、水洗トイレ、炊飯器、ペットボトルが使われています。

自動車の普及（モータリゼイション）は人びとの暮らしを大きく変えました。自動車は、鉄鋼＋ガラス＋電気＋ゴム＋内燃機関＋ITの結合物で、物質・エネルギー・情報に関する技術革新の結晶といえます。今日では、鉄道や路線バスといった公共交通機関が衰退して、その利便性が低い地域では通勤や買い物などの日常生活に自家用車が欠かせません。稲作には、耕運機・田植機・稲刈り機などの農機具が普及しました。物の普及は、いわばブルドーザーのように地域の暮らしを均《なら》していきます。

都市も農山漁村も問いません。電気洗濯機・冷蔵庫・炊飯器も、テレビも車も、家屋のアルミサッシも、水洗トイレも、そうでした。日常生活を成り立たせる「物」という点では都市と農山村の区別はほとんどできなくなりました。恐るべき均一化・画一化の進展です。それでも、直接、命に働きかけて得られる農産物は地域によって特色がありますし、建築物でも位置・形状・色彩の組み合わせによって地域性を出すことはできます。物だから現れ方が必ず一様になるとは限りません。そこに地域ならではの心と技を発揮する余地はあるのです。

「ヒトは人間に生まれない、人間になる」

地域の構成要素としての「人」はどうでしょうか。「ヒトは人間に生まれない、人間になる」と言いますから、人間になる過程で不可避的に人の手が入ることになります。子育てと教育ですね。育児はヒトを人間にしていくための両親の心と技の発揮なのです。その要諦は、自分と違う人がいること、その違う人と共に生きることが大切であることをしっかりと教え込むことです。

ヒトは誕生に際し両親と場所を選べません。両親からもらった身体は性差を含め個性的です。ですから、それとして受け入れる以外にないのです。個性ですから尊重されてしかるべきです。身体活動は具体的には脳の指令に基づく筋肉運動ですが、それは言葉・表情・動作として現れます。これが自己表現です。身体は個性的ですが、その動きによって他の人間とコミュニケーションできるのは、脳が外部から流入する情報を解釈し評価し、身体の各器官に指令を出して、相手に解かるような反応行動をとらせているからです。その意味では脳の働きは共通的です。脳があまりにも個性的だと、相手は理解ができず困惑し敬遠してしまいます。

こうして、ヒトは生まれ落ちた社会の人びとが了解し使っている自己表現の様式を身に付け、人間になっていきます。ヒトは、両親に代表される先行世代の心と技によって育てられますから、典型的な文化現象であるといえます。

人はある地域で生まれ育ちます。その過程で、さまざまな心と技を獲得するが、その最も重要なものの一つは言葉です。国民国家には国語があり、人は国語を習得し、国民になります。しかし、同時に、その土地の言葉＝方言も覚えます。家庭や学校の話し言葉では、むしろ方言が中心になります。一般に国語が幅を利かせ、方言が廃れる傾向にありますが、それでも地域の言葉はしぶとく生き続けています。人がある地域で生まれ育つということは、単に国民になるだけではなく、方言の習得と使用を含めて地域人になることでもあるのです。それは、その土地の生活習慣、ものの感じ方、振舞い方などを身に付けることです。この意味でも人は文化現象なのです。地域論としては地域言語が重要です。地域言語の継承と使用は地域の地域たるゆえんの一つであるからです。ですから、条例にも基本構想にも地域言語が豊かな形で使われることが望ましいと思います。

都市と農山漁村の違い

私事ですが、2000（平成12）年に東京大学を停年退職した後、有難いことに千葉大学が5年間採用してくれました。私が担当した科目の一つが「都市行政学」でした。正直、どういう内容の講義をすればよいか戸惑いました。既に、私自身の関心は、どちらかと言えば農山漁村にあり、都市の研究がおろそかになっていたからです。地域としては、人工物で固められた都市（まち）と自然の営みが豊かな農山漁村（むら）は相当に違います。人はどうして都市を造り、都市に惹かれるのかについて、やや根源的に考えてみました。着眼は人間の脳の働きの理解でした。

人の脳は人の身体の一部ですが、それ自身は手足のようには運動をせず、自分以外の器官に指令を出すことを特性としています。手先とは文字どおり脳の手先のことです。脳の本質は指令にあると言えます。この辺の事情については、養老孟司《ようろうたけし》『人間科学』（筑摩書房、２００３年）を、特に「第６章都市とはなにか」を参考にしています。物（人工物）は、脳の着想・設計・製造にかかわっているという意味で脳の統制下にあります。例えば建物や家具などの人工物は脳の願望表現であると言えます。

ちなみに、脳の特性が指令・統制にあるということは、その指令・統制が及ばない物は気に入らないことになります。広く自然は、しばしば脳の指令・統制が及びませんから、脳は自然をうとましく思い、できる限り、遠ざけるか排除したいはずです。自然に対比されるのは人工物ですが、その壮大な人工物が「都市」ということになります。人が都市を好むのは、脳の指令・統制の下にあるからではないでしょうか。

ですから、都市は快適で便利で人びとが集まってくる場所になるのです。都市が無秩序になることはないはずですが、設計・製造にミスがあり、もしそこに「乱れ」が起これば、それは「自然」に近いものですから排除し、復旧しなければならないことになります。

ところが、人工物で塗り固めた都市に集まりながら、あるいは人工物を使いながら、人間は、自分の身体が他ならぬ自然であることを否定できないのです。これは根本的なジレンマであると言えます。人間は自然（生物個体）ですから100％の確率で死にます。「その時」が来れば必ず死ぬのですから。脳は自分の死を統制できないのです。生とは死への進行です。その意味で脳は必ず敗北するのです。

死んでも死なない―「千の風になって」

それでも、指令・統制に関し欲深い脳は、身体としての自分が死んでも霊魂としての自分は死なないと思いたいはずです。新井満《あらいまん》さん訳詩の「千の風になって」が大ヒットしましたが、あの歌詞は「私のお墓の前で　泣かないでください　そこに私はいません　眠ってなんかいません」というのですね。どこをほっつき歩いているのですか。「千の風に　千の風になって　あの大きな空を吹きわたっています」「秋には光になって　畑にふりそそぐ　冬はダイヤのように　きらめく雪になる　朝は鳥になって　あなたを目覚めさせる　夜は星になって　あなたを見守る」のだそうです。そして「私のお墓の前で　泣かないでください　そこに私はいません　死んでなんかいません」というのです。死んでも死なない、そう脳が思いたいのですね。

しかし、実際に、私たちは自分の死を知ることができない（「人間は死んでから死を問題にできない」）のです。眠った後で眠ったことを知ることができないのと同じです。今夜眠って明朝目覚めなければ「永眠」となります。眠ることと死ぬことは原理的には同じことなのです。違いはイメージにあるのです。明朝目覚めることを疑わずに眠れる人が、死が怖いのは死が指令・統制の彼方にあることを知っているからではないでしょうか。ちなみに、誰もが自分の死は知り得ないのですが、連れ合い、親、子ども、恋人、友人など親しい人の死は知り得ますし、切ない体験になります。しかし、知り得ない無名の誰かが死んでいても気にはなりませんね。現実の死は第二人称の死しかないといえます。

さて、もし死んでも死なないとすれば、この世の次にはあの世があり、あの世へ行けば、そこがこの世になりますから、またあの世があり、そのようにして永遠の命を生きるのだということになるのでしょうか。おそらく、その観念体系と信仰が宗教ということになるのでしょう。

人が、生物個体としての自然であり、したがって死ぬことを免れないとすれば、それと折り合いをつけなければならない。その一つのやり方は、人としての自分もまた自然であることを自覚し、自分以外の自然と共生する心と技を磨くことではないでしょうか。そこに「死すべきもの」としての覚悟と自然と共に生きる知恵が生れるというものです。われわれが「ふるさと」や農山漁村の困難を無視しきれないのは、実は、自然嫌いの脳がついに自然を無視しきれないで苦悩している現れとは言えないでしょうか。

出来事

出来事とは、英語では event ですが、文字どおり、地域を構成する自然と人の力が「外に出てくる」ことを意味しています。自然の営みが人間の暮らしに影響を及ぼし、人が他の人との関係で行う行為が物づくりや活動となって現れます。それらは、日々、地域の出来事になり、それが蓄積されて地域の歴史を構成していきます。語り継ぐ地域とは、こうした出来事の記憶の再生のことです。地域を知っているとは地域の出来事を語ることができることです。だから、地域人とは、自分のことを語るときに、自分と地域との関係を語ることなしには自分を語り得ない人のことをいうのです。この意味の地域人が地域づくりの基礎であることは明白です。地域づくりは出来事の集積、物語であるからです。

こうして、地域は、人と自然、人と物、人と人が結びついて、独自の雰囲気、風情、たたずまいを見せています。そこに地域の魅力と発展の可能性が出てくるのです。地域づくりとは、地域人の心と技が地域の表情として現出したものといえましょう。したがって、ある地域が別の地域と比べて、進んでいるとか遅れているとか、優れているとか劣っているとかいうのはおかしいのです。地域にはそれ自体独自の価値と特色があるのです。ですから、地域づくりにとっては、他から学ぶことは大切ですが、単なる模倣は有効ではないのです。

Ⅱ　地域に関する「臨床の知」

地域が、自然と物と人と出来事によって構成されているとすれば、それぞれの特性とそれらの関係・結び付きを、どのような発想に立てば的確に認識することができるでしょうか。それを一言でいえば、「臨床の知」の獲得ではないかと考えます。

哲学者・中村雄二郎さんの「臨床の知」

ひょんなことで私は哲学者の中村《なかむら》雄二郎《ゆうじろう》さん（当時、明治大学教授）と出会ったことがあります。その中村先生が「臨床の知」という言葉を創った人です。「臨床の知」とは、一言でいえば、「自己と対象との間にいきいきとした交流・交信を行うことによって獲得できる対象についての知」のことです。

先生の言い方では「ただ客観的にものを眺め、分析するのじゃなくて、自分が現場にコミットして相手との関係のなかで考える、そういう知のあり方」（中村雄二郎『臨床の知とはなにか』（岩波新書、1992年））なのです。「臨床の知」とは、人間どうしが、相互作用のうちに読みとる、諸感覚（＝五感）を協働させる共通感覚と実践感覚が不可分になった状態をいうのだそうです。難しくいうと、個々の場合や場所を重視して深層の現実に関わり、世界や他者がわれわれに示す隠された意味を相互行為のうちに捉える働きをするものということになるのですが、普遍主義、論理主義、客観主義からなる「科学の知」に対して、「臨床の知」は、コスモロジー（場所や空間を無性格で均質的な広がりとして捉えるのではなく、一つ一つが有機的な秩序を持ち、意味を持った領界と見なすこと）、シンボリズム（物事には多くの側面と意味があるのを自覚的に捉え、表現すること）、パフォーマンス（わが身に相手や自己を取り巻く環境の働きかけを受けつつ行為し行動すること）を構成原理とするものとされています。

中村先生は、ユング派精神分析家の河合隼雄《かわいはやお》京都大学教授（臨床心理学）と親交があり、河合先生が日本に初めて導入した「箱庭療法」の現場にも参加されています。箱庭療法とは、患者が、砂の入った箱の中にミニチュア（人形、動物、樹木、花、鳥、建物、橋、柵、乗り物、石、蛇、怪獣など）を置くことによって、言葉では伝えきれない自分の内面世界を表現し、それを深く体験することによって、症状を消失させ、対人関係を改善させようとする心理療法と言われます。この辺の事情は、河合隼雄・中村雄二郎『トポスの知―箱庭療法の世界』（1984年、ティビーエス・ブリタニカ）に詳しいです。

箱庭療法が治癒力を持つのは、自分の心の奥深くにある世界を、箱庭という道具を通して表現し、それを自分の目で確認することによって、内的に統合されるようになるからです。カウンセラーの役割は、患者が箱庭を置いているのを見守ることです。患者の内面を理解（解釈ではありません。解釈は、過去の知識を、今目の前にいる患者に当てはめることです）しようとしながら寄り添います。患者は、カウンセラーに見守られているからこそ、自分の内面を恐れずに表現することができるというわけです。カウンセラーは、箱庭を見ながら、感じ取った思いを患者に役立つよう伝え、そのことによって患者の洞察が進み、自己が統合されてゆくのです。

対話と手当て

臨床といえば、臨床医、つまりお医者さんを想い付くでしょう。たとえば小児科のお医者さんは、注射や投薬をする前に、子供の身体にくまなく手を当てて病状をさぐります。この文字通りの「手当て」によって、苦しんでいる子供との間にぬくもりのある交信をします。この手当ての後で思いのほか病状が軽くなったという体験を持っている人も少なくないのではないでしょうか。この手当ては、どこが悪いのか、どの程度悪いのかをさぐるために必要であると同時に、子供との間に信頼関係をつくり出すのに有効なのです。機器に頼る最近の最新医療は、患者を人と見ていない可能性がありますね。臨床といえば臨床医のことを想起しますね。

患者から信頼される、すぐれた医者は治療に際し2つの行為を行っています。1つは患者との「対話」です。患者の訴え・自己表現（言葉・表情・動作）を観察する過程で丁寧な対話をする。十分な言葉の行き来から患者を理解しようとします。患者の気持ちを和ませ、打ち解かせ、正確な自己表現ができるように会話を運ぶのです。

もう1つは「手当て」です。自治体の職員の皆さんは「手当て」と聞くと、給与という場合の給料の他に支給される諸手当を想起するでしょうが、ここでは、文字どおり、患者の身体に「手を当てる」ことであり、触診のことです。医者の血の通った手が患者の患部と思われる場所に当てられ、言葉を交わしながら病状を探るのです。人間の身体は自然であり、その故障はそう簡単には判らないし、治せない。だからこそ医者は、対話と手当てによって患者がどこをどのように病んでいるかを細心の注意をもって知ろうとする。その上で適切な治療策を考える。このような医者による患者の理解の仕方によって獲得できる患者についての知識を「臨床の知」というのです。

Ⅲ　廣松傳さんの仕事

実写映画『柳川堀割物語』の主人公

この「臨床の知」を地域で実践した自治体職員の一人が、『柳川堀割《やながわほりわり》物語』の主人公、福岡県柳川市の故・廣松傳《ひろまつつたえ》さんだったのではないかと思います。廣松さんと中村先生は面識がありませんでした。たまたま私が、この二人を知っていたのですが、無関係な二人の「知」の捉え方が共通していました。

本講義の「開講に当たって」で、映画『生きる』について触れましたが、同じ地方公務員が登場する映画でも、実話に基づくものとして有名なのは、製作・宮崎駿《みやざきはやお》、監督・高畑勲《たかはたいさお》、監修・広松伝の『柳川堀割物語』（１９８７年）です。「柳川」は福岡県柳川市であり、「堀割物語」の主役は柳川市環境課都市下水路係長の廣松傳さんです。あの『風の谷のナウシカ』のコンビ宮崎駿・高畑勲が初めて挑んだ実写映画です。これは、柳川の水路を甦らせた係長の話に触発されて製作したドキュメンタリー作品です。映画は、１６５分の長い時間、エピソードを挟みながら、柳川で起こった水路復活の「奇跡」を描いています。

廣松傳さんの奮闘

柳川市は、住民が「川」とか「堀」とか呼び習わしてきた水路のまちです。しかし、高度成長期を通じて、道路や住宅の用地を生み出すために、堀割を狭めたり、埋め立てたり、商店街の一部では、水路の上に覆蓋を設け、駐車場にするところも出てきました。残っている水路も単なる排水溝や水溜りとなり、雑草が生い茂り、手近なゴミの捨て場と化しました。家庭廃水はおろか、事業所の排水さえも処理されず、そのまま堀割に流し込むようになり、汚濁も進みました。１９６１（昭和36）年から、観光客のための川下りが始まりましたが、かつての水郷の面影を偲ばせるものの、ゴミが浮いている水路を下ってゆくという有様でした。

市内のいたるところで、堀割は悪臭を放ち、景観を損ない、大量の蚊を発生させるようになり、人びとにとって堀割はうとましく、耐えがたい存在に変わろうとしていました。そこで、溝渠を埋め立てることが最も現実的な対応策とされました。市では、川下りコースなどを残して堀割を処分し、大部分は埋め立て、一部は近代都市にふさわしくコンクリート三面張りの都市下水路に改変する方針を決めました。幹線だけでも総延長５・５㎞、工費約20億円を投じて、堀割を都市下水路に変え、残りを埋め立てるという計画案でした。市役所の主だった課長が集まり、まとめた計画でした。市長の年頭の挨拶や施政方針の中でも、この計画が高らかに宣言されました。１９７７（昭和52）年のことです。既に１９７３（昭和48）年に柳川都市計画新用途地域が決まっていましたから、それに基づいた水路埋め立て計画でした。議会や県などの了承も取り付け、計画はすぐにも実施に移される運びでした。

まさに水郷のまち柳川の基盤をなす水路網が失われようとしていました。

この計画の実施は環境課都市下水路係の担当になります。水道課で水問題に長年携わっていた廣松さんは、その係長への人事異動を命じられたのです。廣松さんは、1938（昭和13）年柳川に生まれ、柳川で育ち、柳川市立商業高校を卒業した後、1957（昭和32）年柳川市役所に入所し、水道課に勤務し、水道畑一筋で歩んでいた職員でした。彼は、これまで建設してきた水道を維持管理していくことが自分の役所人生だとして、係長就任を断り続けたといいます。役所の人事が、いかに適材適所の人事配置を行わないかが分かります。しかしこのミスマッチこそ、皮肉なことに柳川を救うことになるのです。

廣松さんは、異動内示前から決まっていた埋め立て計画がそのままでは進行し、確実に柳川から堀割がなくなり、まちが滅びてしまうと思い、担当者になる決意をします。彼は、埋め立て計画の実施ではなく、担当課長や関係者に対して埋め立ての非や浄化再生の必要性を説いてまわり始めます。もちろん、役所内は聞く耳を貸しません。そこで、彼は市長に直訴します。当時の古賀杉夫《こがすぎお》市長は、自宅に来た係長の話を邪険にすることなく聞きました。廣松さんは「水は、いった

んなくしてしまえば、もとに還らない。柳川は、つぶれてしまう。昔の堀割に戻すべきだ」と、計画の再検討を進言しました。大地は水を呼吸しているという基本的な前提に立てば、三面張りや埋立てによって、堀割の水が周囲の土に届かないことは由々しき事態を引き起すことは明らかでした。市長は「もし昔の堀割に戻せるなら」と、埋め立て計画の6か月間凍結を決断することになります。

当時の新聞には「係長、反乱する」と書かれました。この時点で、既に廣松さんの苦労が偲ばれますが、水路再生までの苦難の軌跡については、まず映画『柳川堀割物語』を観ていただくことをお勧めします。自治体学会第1回総会シンポジウムは１９８７（昭和62）年8月8日に徳島で開催されましたが、前日の情報交換会が終わった後のフリーサロンということで、この『柳川堀割物語』をみんなで鑑賞しました（拙稿「『徳島自治体会議』から自治体学会の可能性―『科学する心』と『市民の心』―」『都政人』１９８７年8月号を参照）。

プランニングに机は要らない

廣松さんが書き残したものとしては、広松伝『よみがえれ！〝宝の海〟有明海―問題の解決策の核心と提言』（藤原書店、２００1年）を読んでください。比較的早い時期に、この水路再生事業を事例研究した森戸哲《もりとさとし》「よみがえる水郷」（大森彌編『事例・地方自治　第4巻地域振興』昭和58年、ほるぷ出版）も参考になります。

廣松さんは2年間１００回以上住民との話し合いにより理解と協力を得る努力をしましたが、その根気強さには感嘆します。廣松さんは、水路再生一筋で仕事をやりぬき、１９９８（平成10）年11月、柳川市役所を退職しました。退職時の職位は課長補佐級でした。いかに素晴らしい仕事を行っても年功序列の人事は変わらなかったし、むしろ素晴らしい仕事（事起し）を行ったがゆえに、世間的にいえば不遇の処遇でありました。私は、廣松さんは市の助役にふさわしい人物だと思っていました。退職後も、廣松さんは、「水」に関わり続けました。２００２（平成14）年５月15日、全国水環境交流会代表幹事・廣松傳さんは重症急性すい炎で亡くなりました。享年64歳でした。廣松さんの自宅の庭には５段式汚水浄化槽が設置されています。見事なまでの公私一致の生活でした。

危機に瀕した柳川の水路の再生事業をやり抜いた廣松さんは、次のような名言を残しています。

私は、全国の行政関係者に訴えたい。真に優れた地域施策とは、地域に根ざした施策である。それは、地域の土地・風土・人びとの生活を理解することからはじまる。……プランニングに机は要らない。必要なのは足と目と、土地の人と対話する耳と口、そして何よりも土地の人の気持になりきる心である。（広松伝「水の思想」―水路再生に取り組んで、『季刊自治体学研究』23、１９８４年冬、神奈川県自治総合研究センター）

この名言は、中村先生のいう「臨床の知」そのものでした。地域に住んでいる人びと、そこで働いている人びとは、他の誰よりも自分たちこそ地域を一番よく知っていると考えがちです。確かに、その土地の人びとがよそ者よりも地域の事情をよく知っていて当然です。しかし、しばしば、地域に住み、地域で働いているがゆえに、視野狭窄《きょうさく》と惰性におちいり、地域をみる眼がくもりがちになることもあるのです。本当に地域を知るとは、どういうことなのか。

市役所の主だった課長を集めて作成し、一度は公式決定をみた水路埋立て計画をストップさせ、新たな水路再生計画を実現することができたのは、地域の人びとが本当は水路をどうしたいと思っているのか、その心に廣松さんが「手を当てて」みたからなのです。地域の人びとが潜在的には何を希求しているかをとらえ、それを一つの施策として結晶させることにほかならないのです。地域の人びとの心に訴え、心を動かす内容を備えるとき、地域施策は本物になるといえます。本当に地域を知った上で施策を立てない限り、地域の素材・資源を活かしきり、人びとの真の支持は得られないと言わなければならないでしょう。

地域の「名医」を讃えて

廣松さんは、柳川という地域と住民にとって「名医」だったのだと思います。これによって、柳川であることを失おうとしていた柳川は自己を取り戻しました。私は、清流を取り戻した水路を見ながら、廣松さんに「どうして、水路再生事業をやり抜けたのですか」と質問しましたら、「自分は、柳川で生まれ、育ち、高校を出て、市役所の職員になりました。

この柳川が大好きなのです。ですから、柳川のことを大事にしようとしただけです」と穏やかな答えが返ってきました。

自治体職員は、自分が働いている地域を、足と目と、耳と口を使い現地現場でしっかりと知ろうとしているでしょうか。地域の人びとが本当は何を願っているかを丁寧な対話を通して探り当てているでしょうか。いつに変わることなく自治体職員の地域認識のあり方が問われているのです。地域を足で歩き、自分の目で見、土地の人びとに耳を傾け、きちっと対話する、これは「職員の身体活動」です。

私は、柳川市の隣の大牟田《おおむた》市の管理職研修の講演に呼ばれたことがあり、そこで、柳川市の課長の悪口を言ってしまったのです。「廣松さんは、本当は自治体職員としては当たり前の職員なのです。柳川の地域の特色を見ぬくことは職員として当たり前のことでして、特段にそのことを誉めなくてはならない理由はもともとないのですけど、あんまりひどい課長たちがいたため、あの人が目立ったのです。当たり前のことを役所でやると、どれほど大変であるかということがわかったため、やはり辛い思いをしているのではないかと外にいる人間は激励をしたくなるのです。ぼくらが激励すればするほど、そこでは、辛い思いをする自治体とは、どういうふうになっているのか、職場はどうなっているのか。私がお話ししたかったのは、ああいうふうに仕事をする職員は、職業人としての自分や、地域に暮らす自分をどういうふうに素直に考えているかということを紹介したかったからです。」（「新しい地方自治と自治体職員のあり方」大牟田市行政管理部職員研修所、課題研修講義録ＶｏＬ．２、１９８５年5月11日)。

あえて「あんまりひどい課長たちがいた」と言いましたのは、これらの課長さんたちも柳川生まれ、柳川育ちで、市役所の職員になったにもかかわらず、地域の特性を見抜かずに水路埋め立て計画をつくってしまったからです。

Ⅳ　北海道池田町とKJ法

地域を文化現象として捉える発想は、川喜多二郎《かわきたじろう》先生との出会いからだったように思います。振り返ってみますと、1975（昭和50）年に、異業種集団の一員として最初に乗りこんでいった自治体は、あの十勝ワインで有名になった北海道の池田町《いけだちょう》でした。後に福井県立大学教授から法政大学教授になる岡崎昌之《おかざきまさゆき》さんが事務局の役割を務めていました。

この時の様子は、日本地域開発センター発行『地域開発』（岡崎昌之編集長）1976（昭和51）年2月号「特集シンポジウム・地域にみる生活と文化の再生」で知ることができます。町長は、当時の北海道では唯一人の日本社会党所属の丸谷金保《まるたにかねやす》さんでした。

北海道池田町の挑戦

元々池田町は産業が乏しく、加えて1952（昭和27）年の十勝沖地震とその後2年連続の凶作が重なって町の財政が破綻状態となり、町民の暮らしも周辺に比べて貧しく、当時の町長であった丸谷さんが町内に自生している山ブドウをヒントに町営でワインの醸造に乗り出すことになったのです。当然のことながらワインの醸造技術を知るものは町内にはおらず町役場職員の大石和也《おおいしかずや》（後の町長）さんをドイツのミュールハイムに派遣しライネル・マルゲートが営むワイン醸造所に飛び込みで修行させました。当時、ワイン酵母の国外輸出はドイツの国内法で禁じられていたが、マルゲートは大石さんの熱意にうたれ酵母の分配を黙認してくれたといいます。

１９６３（昭和38）年6月にワインの試験醸造を始めましたが、寒冷地に向いた品種のブドウではなかったため冷害でほとんど収穫できず、醸造技術も未熟で品質は安定しなかった。当然ながら売り物にはならず、加えて本格的なワインがまだ日本で受け入れられなかったことから町内の農家はブドウ栽培を放棄し町長を批判する声が出ました。しかし、職員のドイツ派遣で習得した技術と耐寒性の高い品種のブドウに切り替えるなどして１９７５（昭和50）年になってようやく商品化に成功します。「経験ゼロ」の職員を国内外へ研修に出し、育った人材が国内初の自治体ワインを支えたのです。

以降は生産量や品種の拡大、知名度のアップに努めました。現在は品質も向上しており、本格的なワインが広く受け入れられるようになったことから「十勝ワイン」として高い評価を受けるようになりました。また、町民に対しても「町民還元ワイン」として安価にワインを提供し、普及に努めました。丘の上に「ワイン城」を建て、町役場直営のレストランを経営し評判をとりました。

池田町については、多くが書かれていますが、私が聞いた話で、忘れがちな出来事が2つあります。役場でワイン（酒）を造りたいということを当時の大蔵省と自治省には相談に行ったのですが、前例がなかったため、はっきり言えばダメという返答だったのです。丸谷さんは、ひるまず、「自治体が酒を造ってはダメという法文はない」と、ひざ詰め談判してOKを出させたのです。日本の自治体は、法令で明白に禁止されていない限り、何でもできるのです。明白に法令違反かどうかは、事案ごとに最高裁まで争えるのです。

ワインを造っても、売れなければどうしようもない。まず地元の酒屋に置いてもらわなければならない。池田町の職員は、一軒一軒、行商して歩いたのです。販路を求めて東京へ行商に出たのですが、どこのデパートもダメでした。しかし、伊勢丹だけが置いてくれたと言います。名もない北海道の町役場が造ったワインを置いてくれたのです。池田町贔屓《びいき》だった私は、今でも、百貨店での買い物は伊勢丹に決めています。

丸谷さんは、２０１４（平成26）年6月3日に亡くなりました。享年94歳でした。6月28日に町葬が行われました。丸谷さんは法律が土葬を禁じていないことを調べてワイン樽用のオーク材で作った棺を用意していました。亡くなった2日後、棺の穴から親族の人たちが注ぎ入れた１３０本分の十勝ワインとともに、町内にある墓地の深い土の中で永遠の眠りについているといいます。すごい人ですね。

池田町シンポジウムと川喜多二郎先生

この丸谷さんの池田町へご一緒した中にはＫＪ法（ネパール探検の膨大なデータをまとめるために考え出した情報整理と発想のための技法）の開発者の川喜多二

郎先生がおられたのです。現地で開かれたシンポジウムの論議のまとめを、夜を徹して、ＫＪ法でやり遂げることになりました。生意気にも、池田町の地域づくりは役場（行政）主導が強すぎないかなどとコメントした覚えがあります。

川喜多先生は、科学は、書斎科学、実験科学、野外科学の３つに大別できるというお考えでした（『野外科学の方法』１９７３年、中央新書）。書斎科学は、過去の情報ストック、つまり古典に依存している部分が非常に多く、頭の中での推論に重きを置き、文献による仮説の証明という点に特色があります。

実験科学は、実際に現実界のものに触れて、観察したことを重要な拠り所にしていますが、この科学が社会的信用を得たのは、何といっても「本当かどうか」を実際に試す実践的性格を持っているからで、再現性による仮説の証明に特色があります。

野外科学は、観察対象を野外（フィールド・現場）におき、データをして語らしめ、現場での観察による仮説の証明に特色があります。現場で生の情報をデータとして集めるとき、いつとったデータか、どこでとったデータか、情報の出所はどこか、自分で見たか、伝聞か、誰がそのデータをつくったか、時・所・出所・作成者の４対の条件が必要不可欠であるとされています。実験科学が仮説を検証するところに意義があるのに対し、野外科学は、その仮説をどうして思い付けばよいのかという、仮説を発想させる方法と結びついているのです。

それがＫＪ法ですが、先生によれば、それは、①データそれ自身をして語らしめる、②データが語る声に従って、虚心坦懐《きょしんたんかい》にまとめる、③混沌とした現実の中から、何らかの秩序を見出し体系付ける、④個別的現象から、しだいに一般的、普遍的な秩序の発見に向かう、⑤データを共有化（グループの考え方を多様なまま、まとめる、少数・その他を切り捨てない）することです。

人の頭の中には既成概念がいっぱい詰まっていますから、どうしても、この固定観念で対象を見ようとします。しかし、それだけでは、観察する対象に内在している秩序が見えてこない。そこで相手の側に立って見てみると、散乱して見えていたものが、意外と秩序立って見えてくる。今にして思えば、これは「臨床の知」という発想に近いのかもしれません。「現場で観察する対象に内在している秩序（意味）を見出せ」、そう私も言われたように感じました。つくづく、若い頃、誰に出会うかは大きいと思います。

川喜多先生の著作には、『ネパール王国探検記—日本人世界の屋根を行く』（光文社カッパブックス、1957年）、や『鳥葬の国—秘境ヒマラヤ探検記』（光文社カッパブックス、1960年）があります。ヒマラヤの鳥葬と日本の火葬を比較して優劣・高低を決め得るはずがありません。固有の生活文化だからです。

ネパールの鶏は「ククリーカン」と鳴く

この点で、私には忘れ難い思い出があります。元奈良県知事で、当時、自治大学校校長の柿本善也《かきもとよしや》さんたちと、ネパール・カトマンズで開催されたエロパ（Eastern Regional Organization for Public Administration）の会議に出かけたことがあります。1989（平成元）年の12月のことでした。朝陽に輝くエベレスト山系の遊覧飛行ツアーが都合で取りやめになり、代わりに、早朝、ある村へ出かけました。通訳は日本に留学体験のあるネパールの青年でした。

日の出を待っている間に鶏が鳴きました。私が、通訳の青年に「今、鶏はコケコッコーと鳴きましたよね」と尋ねましたら、彼は、微笑みながら「いいえ、ネパールの鶏はコケコッコーとは鳴きません。ククリーカンと鳴きます」というのです。もし、私が、ネパールは日本の援助で国の経済がもっているのだから、「ネパールの鶏をコケコッコーと鳴かせろ」と強弁したとします。それは文化侵略です。かつて、日本はアジア諸国へ侵略して日本語を強要した歴史を持っています。その過ちを素直に認めるためには、ネパールの鶏がククリーカンと鳴くことが当たり前だと認めなければなりません。そういえば、中学校で学習した英語の教科書では、鶏は「コックァドゥドゥルドゥ」（cock-a-doodle-doo）と鳴きます。日本人にとっては変な鳴き方かもしれませんが、これも、それとして認めるのです。文化には、優劣・高低・遅進はないのです。これは、相対主義の見方ですが、私は、地域観については、国内でも国外でも、この相対主義が正しい見方だと考えます。

第４講

自治体職員の職場

Ⅰ　大部屋主義の職場組織

職場の風景

自治体の職員は、通常は、（都道府）県庁とか市役所とか町（村）役場と呼ばれる庁舎へ通う通勤者です。そこで仕事を行い、その対価として給与をもらっています。ですから出勤簿で通勤が管理されています。配属場所の部屋に行くと自席があり、そこで仕事をするわけです。もっとも、最近では、ＩＣＴを活用したテレワーク（在宅勤務、サテライト・オフィス、モバイルワークなど）の可能性が議論され（佐賀県では平成20年1月から在宅勤務制度を導入）、フリーアドレス（各職員に固定した席を割り当てず、職員が仕事の状況に応じて空いている席やオープンスペースを自由に使うオフィス形態）の試みが始まっていますから（平成25年12月から広島県商工労働局の5部署60人に導入）、従来の職場風景は変わっていくかもしれません。

これまでの風景でいえば、部屋には、複数の上司・同僚・部下がそれぞれの場所の自席で勤務しています。もちろん、会議や出張や研修で席にいないことはありますし、地域の現場で仕事をする場合もありますが、基本は自席での勤務です。ですから、部屋のどこに誰が座っているのか、その人が何番の電話番号を使っているかは「座席表」ないし「配置表」に記載されることになります。一所《ひとつところ》（同じ部屋）に所属職員がいて仕事をする、これが、当たり前とされている職員の日常勤務の風景です。

わが国の職場組織には欧米には見られない特色があるように思います。私は、これを大部屋主義と呼んでいます。それは、「①公式の（事務分掌規程上は）所掌事務は、部・課・係という単位組織に与え、②その規定は概括列挙的（○○に関すること）であり、③職員は、そのような部・課・係に所属し、④しかも、物理空間的には一所《ひとつところ》で執務するような組織形態」のことです。

「はじめに職員ありき」の組織

その違いは組織の作り方に起因しています。組織とは仕事と人の結合様式だと考えますと、組織の作り方は2通りになります。1つは「はじめに仕事ありき」というやり方です。これは、できるだけ仕事（職務）の内容を明細に定め、その仕事を適格に行い得る人物を採用し、一定の権限と給与をセットにして仕事に責任をもとらせ、仕事振りで人事評価を行う方式です。この場合は仕事と権限・責任と給与が3点で明細に定まっており、その仕事の職に欠員が生じれば、その都度、採用人事を行うことになり、一斉採用にはなりません。採用に当たっては、経歴と適性・能力などの自己申請による書類審査のうえ面接で採否を決めることになり、その仕事をもっぱら担当する人事担当の専門職員が行います。したがって、わが国のような人事行政の専担組織（人事課）を設ける必要がないのです。

もう1つは「はじめに職員ありき」というやり方です。これは、一般的な基準（公務遂行能力）で人を採用した後で、職場に人を配置して仕事をさせるやり方で、日本では国でも地方でも公務世界で一般的に行われています。仕事（任務）は大まかに、部・課・係といった単位組織に与え、そこに、ある基準で人員を配置した上で単位組織の任務をそのメンバー全員で分け持たせる方式です。仕事の割り当ては、課や係という組織を単位として行われ、その内部における職務の配分は、その構成員の状況の変化に応じて柔軟に行われます。そして、組織に属する人たちが相互に協力し、カバーし合いながら組織全体で仕事を進めていくのです。

個室主義の実態

「はじめに職務ありき」の考え方で仕事を行っているアメリカでの経験を一つお話します。日本でも政策評価が議論になり始めた頃でしたが、１９８１（昭和56）年10月に、アメリカ合衆国の連邦政府の「対外援助庁」に調査に行ったことがあります。対外援助庁は、大きな予算を伴う発展途上国への援助事業が現地でどのような効果を発揮しているかについて事業評価手法を開発していました。その実態のヒアリングに、援助庁の担当ディレクター（日本の課長相当の担当職員）にアポを取って訪問しました。部屋の入り口には名札が書かれ、入り口に秘書がいて、その奥にディレクターの個室がありました。しかし、ご本人は忘れていて不在でした。秘書も私の訪問を承知していませんでした。たまたま、隣の部屋から職員らしき人が出てきましたので、その人に、来訪の趣旨を述べ、できれば関係資料がほしいと話したのですが、埒《らち》があきませんでした。「あなた

の言っていることが分からない、私には関係がない」というのです。後日会うことができた担当ディレクターに、このことを話しましたら、「それは無理です、彼は、私の担当している仕事に関して何の権限もないからですよ」というのです。私は、そのとき、日本の役所なら、課長が不在でも課長補佐か係長にお願いすれば、話を伺えるし、資料ももらえるのに、何と不便なことかと思いました。しかし、これは、組織のつくり方と仕事の仕方の違いによっていたのです。

『必殺仕事人』と大部屋執務

もう一つ、やや余談になるのですが、大部屋執務がいつから行われるようになったかの歴史研究はなされていません。江戸時代、戦闘者である武士たちが役人になって執務を行った頃からではないかと調べてみたのですが不調に終わりました。欧米の文物を採り入れた明治の初めの頃の役所の組織は、一時でも、もしかすると個室主義ではなかったかと考え、調べたのですが、はっきりしませんでした。テレビ番組に、俳優の藤田まことのはまり役・中村主水《なかむらもんど》が主役の『必殺仕事人』があります。中村主水は、南町奉行所同心で、市中見回りが仕事ですが、奉行所に出仕して文机で事務を行うこともあります。

あの奉行所の間取りは明らかに大部屋になっています。多分、係長相当職の上役が１人いて、６人ほどの同心が相対で座っている。うだつが上がらない、昼行燈の主水は末席です。この執務風景の設定が時代考証の上ならば、大部屋主義は江戸時代からだと言えそうですが、はたして、どうでしょう。歴史研究に関心のある人がおいでになれば、大部屋執務の由来を研究してみてはどうでしょうか。

辞令に仕事は書いてない

職員の皆さんは、別に不思議とは思っていないと思いますが、職員は辞令をもらって仕事をしますが、その辞令には仕事が書かれてないのです。書いてあるのは所属場所なのです。「○○課へ配属を命じる」とか。ですから、ある組織に配属されてはじめて個々の職員が分け持つ具体的な仕事の内容が決まってきます。これが職務分担です。所属組織に与えられている任務は、そこで働く個々の職員に割り振られ、それぞれが、その職務をきちんと果たすことで、所属組織全体の任務が達成されることになっています。ですから、任務分担が適切に行われ、分担する個々の職員がそのことを理解・納得していることが必要になるのです。仕事なんだから、文句を言わずに言われたことをやれというのでは、この組織はうまく回らないのです。

職場組織の作り方と関係して、わが国の公務の職場は、風景としては、「個室執務」ではなく、一所《ひとつところ》に複数の職員が机を並べ、顔を見合わせて仕事するという「大部屋執務」となっています。部屋の入り口にはネームプレートではなく配置表（座席表）が貼ってあります。しかも、部・課・係などの単位組織に与えられている任務は、事務分掌規程上は、どこでも「○○に関すること」というように概括的な規定が列挙されているだけです。仮に住民がこの事務分掌規程を見ても、一体この課は具体的にどういう仕事をやっているのかは分かりません。職場では、個々の職員の仕事は決められていますから、職員も、自分の業務が、どのように所属組織の任務遂行と関係しているのか、普段は、気にかけていません。

この概括列挙主義で定められている任務を単位組織の所属職員が協力して達成するため、「所属長」（普通は課長）という呼称があるのです。ある時期から、少なからぬ自治体で、組織のフラット化とか流動化といった観点から課や係を廃止し、グループ制を採用するようになっています。課を廃止すれば部長が、係を廃止すれば課長が、その配下の職員にそれぞれに課せられた任務を最も適切に有効に効率よく遂行できるように編成（グルーピング）することになります。したがって、部長なり課長なりの問題意識や管理能力が問われることになります。

こうしたフラット化ないし流動化が可能になるのも、どのレベルかはともかく、単位組織に任務を付与し、一定数の職員で協力して任務遂行に当たらせる大部屋主義を採っているからです。この場合、組織の意思決定上の中継点が減るから部長や課長のリーダーシップが発揮しやすくなるし、若干なりともグループリーダーへの若手登用の余地も生まれるのです。もっとも、課長や係長ポストが減るだけに職員のやる気が低下する可能性もあり、また、常軌（ルーティン）的な仕事はむしろ固定した組織の方がしやすいのではないかという問題も出てきます。

偏っている仕事の割り振り

いずれにせよ、大部屋主義の組織では任務をどのように職員に割り振るかを決めなければなりませんが、その割り振りがメンバーの納得できるものになっているかどうかが問題になります。これが職場での相談・調整（職場討議）が必要である理由です。これを通して、個々の職員の経歴・意欲・資質などがより活きるように仕事が配分される必要があるのです。一般には、本人が期待しているより少し難しく、多めの量の仕事を配分し、激励して頑張らせるとき、その職員は人材として育っていくといえるのではないでしょうか。配置された職場で意欲を持って取り組むだけの量と質の仕事がない場合、職員はダメになっていくのではないでしょうか。

ところが、仕事の割り振りは必ずしも所属職員が納得できるようには行われてないのです。私は、２００１（平成13）年から地域活性化センターの「全国地域リーダー養成塾」の塾長を仰せつかっていますが、毎年、この塾の修了者のための研修会を開催しています。２０１３（平成25）年度の修了者研修会における「大森分科会」のテーマは「自治体職員の現状と課題」でした。参加者全員に、課題として「職員個人の職務意識と職場環境、仕事の量と質、昇任志向の変化、対住民関係、管理職の資質、職場の上下関係と協働の推進など、語ってみたい内容の骨子をＡ４で1枚に書いてもらい、発表・検討をしました。以下の文章は、ある修了者のものです。匿名で紹介させてもらいます。

私は、社会人になって現在3年目です。市役所の仕事にもだいぶ慣れてきて、自分の仕事や職場環境を客観視できるようになってきました。今の私の思うところを下記に記したいと思います。

私は、担当によって仕事量が違いすぎることに疑問を感じます。仕事の量は、課によっても違いますし、グループ内でも違います。同じグループなのに、片や残業40時間、片や残業0ということもあります。事務と技師という違いもありますが、それでもこの差はどうかと思います。正直、私のグループに事務は3人も必要ないと思いますが、上の方は一時期の忙しい時期があるため、人員を削減する考えはありません。また、グループ内で仕事量に差があっても、できる人ができる仕事をやればいいと考えており、仕事の割り振りを変えることもありません。

これは、職員の職務意識にも関係してきます。仕事ができない人には仕事が回ってこないため、あえて頑張らない人がでてきます。定年間際の主査の方に、「もうすぐ定年だからこれ以上仕事覚えたくないんだわ」と言われたときは、私自身のやる気も削がれました。上の方にそのことを相談しても、特に何かしてくれるわけではなく、「あの人はしょうがない」と言われておしまいでした。そのようなことを言われると、私はさらにやる気がなくなり、私自身も頑張らなくていいのではないかと思ってしまいます。30年以上働いていて、私の倍以上も賃金をもらっている人より、まだ3年目の私の方が何倍も仕事をしていると考えると馬鹿らしくなってしまいます。

今の管理職の人は、いかに仕事を効率化するか、いかにミスを少なくするかに重点を置いていて、職員間の仕事量の差をあまり問題視していないように思います。業績によって賃金という見返りのある民間企業ならいいですが、公務員はどれだけ頑張ってもあまり見返りはありません。頑張っている人も頑張っていない人も同じ賃金です。管理職の人には、業績だけではなく部下のやる気の面にも目を向けてもらい、一人ひとりが高いモチベーションの中で働けるような環境を作っていただきたいです。

私は、職員のモチベーション向上のためには、民間企業のように業績によって賃金に差をつけるのもありだと思います。市役所の仕事内容が、民間企業のように数字に表れるわけではないので、実際には難しいとは思いますが。

ここには、仕事量の不均等、意欲のなさ、賃金の不公平、偏狭な管理職、不十分な業績評価など、現実の職場にある問題点が指摘されています。特に、「30年以上働いていて、私の倍以上も賃金をもらっている人より、まだ3年目の私の方が何倍も仕事をしていると考えると馬鹿らしくなってしまいます。」という文章は、人事評価とその結果の活用の必要性を強く示唆しています。役所に入って3年目の若い職員のやる気を萎えさせるような職場を放置しておいていいわけはありません。やはり、職場での対話が不足しているのではないでしょうか。チームプレーなのですから、分担している仕事について相互に納得ができ、必要に応じて分担内容を調整する必要があるはずです。

仕事の分担と目標管理

単位組織に概括的に任務を付与しているため、その解釈問題が起こり得ます。組織任務の解釈を前例踏襲主義で行えば相変わらずの職場が続きます。しかし、組織改変が行われたときは当然ですが、人事異動で職員が入れ替わり、新たな所属長（課長職）が赴任してきたときには任務の再解釈が行われることがあり、その場合も職場での話し合いは不可欠です。

概括列挙的な任務規定は変わっていないにもかかわらず、今までにない仕事と仕事の仕方に取り組む場合は、それがなぜ必要か、どんな考え方で、何を目指すのかについて所属職員全員が了解していなければなりません。これが目標管理の基礎となります。服務規律では上命下服だから幹部職員の一方的な指示でも動けというのでは組織の総合力は発揮されないのです。大部屋執務で面従腹背《めんじゅうふくはい》が起これば、職場は暗くなり、不満が潜在化しやすいのです。そうした職場で人材が育つはずはないのです。このように職場での話し合いの善し悪しが任務に係る目標の共有と職場の一体感の醸成に影響を与えると言えます。

Ⅱ　職場には内包されている教育機能

新規学卒者の一斉採用

自治体の職員は、職場で、仕事を通じて育っていきます。わが国での公務員の採用は、国でも自治体でも、基本的には、欧米のような随時型ではなく一斉採用型となっています。これは、退職職員の補充のために一定数の学卒者を年度ごとに採用する方式です。もし退職数に見合う数を新規で補充しなければ、それは自然減耗による定数削減となります。ひとたび公務の世界に入った人は退職まで勤めるという意味で閉鎖系の任用制度となっています。あるいは人員の需給調整を自治体内部の管理事項として行っているとも言えます。

公務に関心はあっても実務経験がまったくない新規学卒者を公務の世界に入れるのですから、採用における試験成績による判定は公務遂行能力があるであろうという推定となっています。その推定が的確・妥当であったかどうかは、採用後に実際に公務を遂行させてみて初めて分かるわけです。当たり外れがあり得ます。外れなら採用者の見識・能力不足ということになります。採用試験で試されるのは任命権者側でもあるのです。私は、ある自治体の新規職員採用試験における最終面接試験をお手伝いすることがあるのですが、自分の眼力が試されていることを実感します。

従来、どこの自治体でも、大体、「事務」「技術」の枠ごとに学歴や年齢の制限を設け、一般事務だと大卒28歳、短大卒25歳、高卒22歳までしか受験できないという扱いをしていました。一種の入り口規制です。ところが、千葉県の市川市が、２００３（平成15）年の職員採用試験から受験資格の年齢制限を事実上撤廃しました。医療・保育職など資格が必要な一部職種を除いて採用枠を一本化したうえ、義務教育を修了した15歳から59歳までに受験資格を与えることにしました。これは全国初の試みでした。

実社会での経験を積んだ民間人の採用が職場にどのような変化を生み出していくかについては検証が必要なのですが、新規学卒者を対象とした研修期間を短縮し、また人材として確実性があるため即戦力として期待でき、またコスト意識も明確であるなどが指摘されていました。年齢制限の撤廃はより広く人材を求めようとする点で採用制度の変更です。中途採用の実施を含め、部分的にではあっても、徐々に、開放系に向かうかもしれません。新規政策の展開には外部からの「即戦力」が必要な場合もあるからです。

初発の指導・助言の大切さ

新規採用職員は採用後に実際の職場で仕事を与えられ、仕事を覚えていきます。この採用のあり方から見て、公務の職場では、新規採用職員を導き、鍛え、助言するという教育機能が不可欠なのです。これが新規職員の「職場研修」の本来の意味です。そこで、配属され仕事を開始する時点で職場のどういう先輩職員が導き手・助言者になるかが相当に重要になります。この出会いが公務員人生の幸不幸の分かれ道になったりもします。教えを受ける新参者が教えてくれる先輩職員に対する「基礎的な信頼」（自分が大切に扱われているという実感）を形成し、その上で与えられた仕事を一人前にこなす能力を発揮していくことができるかどうかの出発点となるからです。

初発において「基礎的な信頼」が形成されないと、公務に意義を感じて入ってきた新参者の気持ちは萎えてしまいやすいのです。年若い新規採用職員には、当初、一見して面白くない仕事が割り当てられることが多いのです。その際、例えば職務分担を取り仕切る係長は、職場会議を開いて役割分担を決め、割り当てる仕事の意義を説明して部下を激励しなければならないはずです。こうした基本的な職場管理さえできないようでは職員を育てていくことはできないというべきです。

人事異動

わが国では「人事異動」と呼ばれる職員の職場配置と配置換えが毎年のように行われています。職場・職種によってはあまり人事異動がないところもありますが、新規採用職員も既存職員もどこかの単位組織への配属を命じられて仕事をします。公務員人生は、この配置転換の繰り返し（役所内での引越し）であるともいえます。配置ないし配置転換では新たな所属組織を告げられるのです。そこで、配置ないし異動とは、個々の職員の所属組織の決定になるのです。職員は、新人であろうが古参であろうが、職場組織の一員として迎え入れられ、居場所を与えられ、仕事を割り振られ、実際の仕事を行うのです。前任者から必要に応じ事務の引継ぎを行い、それでも、分からないこと困ったことがあれば、既にいる職場の同僚先輩に相談して教えなり指示なりを受けることになります。ここにも「教育」機能が内包されているといえます。

意地悪な（暗く、冷淡で、無気力な）職場では、この「教育」機能が十分に行われず、生真面目で気弱な職員の場合は、職場と仕事への積極的な気持ちを失ってしまうことにもなるのです。職場が変わるごとに、新たな仕事への適応が必要になり、職場で仕事を通して意欲や能力の再発揮が必要になります。こうして、職場で仕事を通して職員は公務遂行にふさわしい人材として育てられていきます。キャリア・ディベロップメントとは、主としてこのことをいうのです。したがって、職員研修の本体は職場外研修ではなく職場研修（ＯＪＴ）ということになります。

人間関係の場とよき人柄

第１講で指摘しましたが、職員は法人の機関の「補助機関」ですから、補助機関としての仕事を適切に遂行できれば、誰でもいいのです。人格は問われません。しかし、現実には、誰と誰がチームを組んでいるかによって、職場の雰囲気や仕事の達成具合が変わってくるのです。実際には職員の人柄が効いているのです。

大部屋執務は、所属メンバーが、日頃、顔を突き合わせて仕事を行うことですから、どうしても、人間関係が形成されることになるのです。人間関係を決める要素はメンバーの人柄ですから、よき人柄が集まっている方がいいに決まっています。

よき人柄とは、どういう人物のことをいうのか。それは実証的な研究課題ですが、ひとまず、これまでの現場ヒアリングでは、次のように言えるのではないかと思います。「自他に誠実で、明朗な性格を持ち、度量が大きく、豊かな関心の持ち主」といったところでしょうか。

誠実とは、相手の立場や心情を慮るとともに自分の気持ちにも正直なことを、明朗とは、ものごとにウジウジしたこだわりがなく性格が明るくユーモア（ゆとり）の精神に富んでいることを、度量が大きいとは、他人の言動を一概に否定することなく受容する心の広さ、おおらかさ、懐の深さを、豊かな関心とは、さまざまな事柄に豊かな関心を持ち、問題を発見し、進取の気性を備えていることを、それぞれ意味しているといえるでしょう。

特に、管理職はこうした人柄要素を兼ね備えていることが必要です。一所《ひとつところ》で仕事をする職員が協力して仕事をする職場では、管理職自身の人柄が悪く、そのことが職場の人間関係を悪化させている主因というのでは、何のために管理職を置いているのか分かりません。前言を平気でひるがえし、いつも仏頂面で、横柄で、こまごまと小言をいい、嫌味や怒りの感情

図表　「よき人柄」の要素

誠　　実	相手の立場や心情を慮るとともに自分の気持ちにも正直なこと。
明　　朗	ものごとにウジウジしたこだわりがなく性格が明るくユーモア（ゆとり）の精神に富んでいること。
度量が大きい	他人の言動を一概に否定することなく受容する心の広さ、おおらかさ、懐の深さ。
豊かな関心	さまざまな事柄に豊かな関心を持ち、問題を発見し、進取の気性を備えていること。

を失禁し、御身大事の前例踏襲主義の管理職でも、かといって愛想はいいが部下の言に左右され、自信もなく、何を考えているのかはっきり示さず、しかも面倒なことが起こると他に責任を転嫁するような管理職でも困るのです。

Ⅲ　職場で仕事を通じて職員を鍛え育てる

行政は人なり

「結局、行政は人だ」とよくいわれます。行政が人だということは、どのような組織部門の仕事であっても、その仕事を現に担っている職員によって仕事の拡がり、深み、進み具合に違いが出てくることを示唆しています。もしそうであるならば、自治体行政の現場はかなり属人主義的な面を持っており、その意味では、何とも心もとないという感じを免れません。人事異動などで担当者が交代したからといって、その仕事の質が違ってしまうというのでは住民から見れば、はなはだ不都合で不可解としか思えません。前任者の仕事振りと比較して現任者のそれが劣るということは、単純に、事務引継ぎが十分でなかったか、仕事への学習意欲が乏しいか、職務に対する責任感が欠けているかのいずれかであると言われかねません。

自治体行政の大部分は、高等教育を経て入庁した職員なら十分学習可能で遂行できるものです。もちろん、仕事によっては好き嫌いや向き不向きもなくはないのですが、特定の専門職の場合はともかく、役所に入る前に人事異動でさまざまな部門を歩くことになるということは了解済みのはずです。思わぬ部門に配属が決まることもあるでしょうが、どの部門の仕事でも大切な自治体行政であることには変わりはないのです。

職務の遂行を通して、自分を鍛え、職場組織の持つ可能性を拓いていくことなしに、「結局、行政は人だ」といっても、それは、意欲もなく力を発揮しない職員ではどうしようもないことになってしまいます。やる気のない職員をやめさせ、他の部門に押し付けたりするわけにはいかないのです。何としても現在の職場で頑張ってもらうしかない。研修の中でも職場研修が仕事の質を左右する決定的な要因となるのは以上のような事情があるからであると考えられます。

研修の要諦　現に行われている研修では職務知識・技能の修得という意味が強いのですが、研修にはもともと研究と修養という意味合いがあるという点を想起すれば、もし「行政は人なり」というのであれば、いかにして「よき人」、「望ましい人」を職場で育てられるかを考え、実効性のある方法を工夫する必要があるはずです。以下、この観点から「職場研修」のあり方について述べておきたいと思います。私は、「職場研修」とは、職場で仕事を通じて職員を鍛え育てることだと考えています。

「職場研修」はOn the Job Trainingの訳語です。オン・ザ・ジョブ、つまり「仕事をしながら」、「仕事を通じて」、訓練することです。訓練するとはどういうことでしょうか。最も素朴に考えれば、①あることを反復練習させて体得させ、独りでも上手にできるようにさせること、②ある課題を出し、それに取り組ませ、いわゆる応用問題を解決できる能力を身に付けさせることです。このような意味での訓練にはトレーナー（訓練の指導者）がいることが前提となっています。ただし、「自主トレ」という言い方がありますから、訓練にはいつもトレーナーがついているとは限りません。本人が自分に課題を出し、それに挑戦し、自分を鍛え、自分の能力を高めるというやり方も考えられます。

この「自主トレ」はひとまず置いておくとして、課・係の任務をそのメンバーが全員で分担しつつ協力して遂行しなければならない職場組織において、一人前に任務を遂行する上で必要な知識・技能・態度等を身に付け責任を持って仕事ができる状態をどうつくるか、という観点から考えてみましょう。

「職場研修」の基本

しばしば耳にすることですが、研修所などの研修担当機関では中・長期的な人材育成を念頭に置いているのに対し、現場の管理職の中には、すぐに役立たない研修では困る、そのような研修に忙しい職員を出さなければならないのは迷惑だ、と考えている人がいます。これは研修効果への期待にズレがある話ですが、ここではひとまずこうした現場管理職の率直な発言に職場研修のあり方を検討する上での大切なヒントが隠されていると考えておきます。それは、現場の管理職にとっては部下がまず仕事をきちんとやり遂げてくれることが最も重要な関心事であるからです。そして、部下が仕事をきちんとやり遂げるために必要な手立ては何かということを、その手立ての中に管理職としての自分が部下のやる気を削がないようにするためにはどうすればよいかも含めて考え実行する、それが職場で役立つ研修の出発点であるというように考えておきたいと思います。職務を完遂する上で必要な職員の知識・技能・態度等をどのように捉え、どう評価し、どういう手立てを講ずるかがポイントになります。

一般に新規採用職員の場合は配属された課・係の任務とその遂行方法に関しては職場の誰かが教え、指導しなければ仕事になりません。その場合、担当する個別の仕事の遂行に必要な知識・技能・態度等をできるだけすばやく身に付け、他の職員の足手まといにならずにきちんと仕事をこなせるようになってもらわなければなりません。役所に長くいる職員が人事異動で職場を変わる場合にも基本的な事情は同様です。例えば、２、３年ごとに職場を異動して歩く管理職が10年余もある職場で仕事をしている部下を直ちに指導することなど不可能で、当初はむしろ、そのような仕事に習熟している部下から教えを受けなければならないのが実情です。

課・係の任務との関係で特定職員が遂行すべき職務を完遂するために必要とされる能力というものがあり、それを修得し、実際にその能力を発揮しなければ、職場では一人前とはいえないのです。したがって、一人前とみなし得る能力を身に付けさせることが、「職場研修」のイロハの「イ」ということになります。一応、職場全般を掌握している管理職の立場から見れば、これだけは習得してほしいと思う公務遂行能力を体得させることが眼目になります。そのためにはどのように考えればよいでしょうか。

一人前の仕事ができること

まず、特定の職員が一人前に仕事をできるために備えていなければならない能力（知識・技能・態度・思考力等）は何かが明確になっていなければなりません。課・係の任務規定、職務分担表、今までの職場の経験・実績、経験者の意見等がこの能力の明確化に必要な情報源となります。

知識の中には、課・係の仕事の流れ、他課との関係、府県や国との関係、任務に関わる法令・条例等の規則、運用上の前例・了解事項、地域や関係住民（団体）の実情等があるでしょう。

技能のなかには、伺書等の文書の作成方法、経費処理の方法、根回しの仕方、会議の運営の仕方、パソコンの操作、情報・資料の入手・加工・活用の方法等があるでしょう。

態度の中には、挨拶の仕方、電話や面接での応対の仕方、相手の話を聞き、相手に意思を伝えるための言葉遣いや表情や口調等があるでしょう。思考力の中には、ものごとを筋道立てて説明し得るための因果関係や目的手段関係の付け方等があるでしょう。

トレーナーとしての管理職は、まず、このようにある職員が一人前に仕事をするために修得すべき能力が分かっていなければならないはずです。

職員の現有能力を見抜くこと

　第二に、このような修得目標となる能力と照応させて、現に職員が持っている能力を見抜けなければなりません。ある職員に特定の仕事の遂行を任せられるためには、その職員の現有能力を評価し、この職員に任せても大丈夫だと確信が持てなければならない。その職員の現有能力と期待される能力との間にギャップがあり、しかも仕事を任せようとすれば、そこに「職場研修」の需要が発生していることになります。

　現有能力が十分でないから、その職員に仕事を任せないということになれば、それ限り研修は行われないことになります。どうしても能力を身に付けさせ一人前の仕事をさせようとするならば、「そのうち本人も自覚して仕事を覚えるようになるだろう」といった悠長な考え方ではトレーナーとしての責任は果たせません。仕事を任せ得るために職員の能力を高めようとする工夫をせずに、自分でいろいろな仕事を抱えこみ、やたらに残業を多くしている管理職が散見されると言いますが、こうした管理職は得てして「職場研修」の大切さに気付いていないのではないでしょうか。

適切な研修機会を提示すること

　第三に、ある職員の現有能力と必要な能力との間にギャップがあることが判明したら、それを埋めるためにどのような具体的な能力開発の手段が必要であるかを職員に明確に指示することです。この場合、必要な能力の修得方法を、職場で仕事に関連させて直接職員を指導するやり方に限るというのでは、あまりにも狭い料簡《りょうけん》というものです。自分で勉強させる、研修機関の研修に派遣する、外部の専門家から学ばせる、外部のセミナー・講演会等に派遣する、通信教育を受けさせる、他の自治体へ勉強に出す、海外の事例を学ばせる、民間企業や住民団体から学ばせる等、最も適切だと思われる研修機会を提示することです。「職場研修」というと上司が手とり足とり部下の面倒をみることだと考えてしまえば、それこそ面倒で仕方ないと考えがちになってしまいます。

「職場研修」というのは、一人前に仕事を行い得るために修得すべき能力目標を明確化した上で、その能力を身に付けるのにふさわしい研修機会を提示することでもあるのです。それをいわゆる研修所研修のみに頼るのはきわめて安易なやり方です。研修所研修も現場の需要に合わせきめ細かいプログラムを用意できないわけではないのですが、どうしても集合型で一括りのものになりやすいのです。もちろん、そうした研修によって修得し得る能力もありますが、それはさまざまに考えられる研修機会の一つなのです。

このような意味では、従来、ともすればきわめて形式的に職場研修と職場外研修、というように二分法で捉えるような研修観は改められるべきで、研修はあくまでも実際の仕事を一人前に遂行し得る能力を身に付け高めるという職場の要請を基本に据え、その要請に応え得る各種の研修機会・方法を準備するというのが本筋であると思います。

地公法第39条によれば、「職員には、その勤務能率の発揮及び増進のために、研修を受ける機会が与えられなければならない」ことになっており、その研修は「任命権者が行うものとする」とされていますが、大切なことは研修機会と研修需要をできるだけ合致させることだと思います。

職場環境づくりの大切さ

ところで、職務遂行能力の点で上司が部下を個別に指導できる機会はさまざまです。大部屋主義をとる職場組織では上司は日常的に部下の能力、資質（人柄）、欲求等を把握しやすいといえます。実際の仕事をしていて、例えば決裁を求めにきたとき、新たな課題を与えたとき、注意を喚起したとき、不満や意見を言ってきたとき、仕事でミスが起こったとき、仕事を張り切ってやっているとき、他の職員や住民と応対しているのを見聞きしたとき、職場のミーティングでの発言ややりとりを耳にするとき、人事異動での希望を聞き、異動の内示を言い渡したとき、残業や出張を指示したとき等、さまざまな機会に職員の実情を知り、必要な助言を与えることができます。

もともと仕事をする職場ですから仕事を完遂できる能力の発揮が基本ですが、大部屋執務であるがゆえに、他の職員と協調して仕事を行っていける人柄・資質も大切ですし、仕事を分担しつつ協力してやらなければならないため人間関係にも気を配らなければなりません。そのため、割り当てられている仕事の種類と分量の適切さ、隣接して仕事を行う職員との肌合いなど、態度・表情には出ても口には出さない不満・不平も少なくないかもしれません。したがって、「職場研修」では特定の職務を遂行する能力をいかに身に付けさせ発揮させるかということが最も大切であるにしても、職務の公平な配分や人間関係の調整といったことへの留意も「職場研修」の環境づくりでは大切なのです。一人前の仕事というのは一人前分として適切な仕事の配分や一人前の仕事の遂行を邪魔しない職場環境の整備が前提になるからです。

組織の能力を高める

以上は、既存の組織編成や任務規定や職務分担を前提にしていますが、自治体の行政においては、新たな政策（施策）課題に対処し解決していくために必要な「職場研修」もあるはずです。従来の仕事の内容を従来のやり方で完遂するために必要な能力を職員に修得させることが職場研修のイロハの「イ」とすれば、その「ロ」ともいうべきものは、個々の職員というよりも職場組織の能力を高めるために組織が学習し思考する力を増大させるためのトレーニングであるといえるように思います。それは主として職場での話し合いによる政策課題の解決能力に焦点を置く職場組織の能力向上だといえます。

どこの自治体でも仕事上の単位組織となっているのは課と係です。事務分掌規程上は、この課や係の任務規定は、きわめて概括列挙的であり、その課なり係なりが実際に分け持って行っている仕事の総量は、ほぼ職務分担表に基づいてメンバー全員が日常遂行している活動の総量ということになります。そこで、ある課なり係なりが現にどんな仕事を行っているのかは役所全体の組織編成に関係しており、そもそも、なぜその仕事をしているのかは、役所がなぜ存在するのかという自治体行政の理念や目的と関わっているのです。

なぜ、ある仕事をしているかといえば「住民のために」「住民の要望に応えるために」行っていると答えざるを得ません。しかし、その意味内容を具体的に確定することはそう簡単なことではありませんが、現にどんな仕事をどのようなやり方で行っているかは客観的に認識することができます。

問題は、課・係の任務規定の解釈として現に行っている仕事の内容と方法を見直さざるを得ないような事態が生じた場合です。これは、課・係の誰かが、この事態に気付き、それが他のメンバーに共通に感じとられるようになる場合です。「このままではいけないのではないか」「新たな対応をしなければならないのではないか」という意識は職場における課題の発生です。もし、こうした不適応事象が発生しているならば、いつまでに、どのような状態にしなければならないのかを考え、現在の仕事のどこに問題があるのかを点検し、どこをどう改めればよいかを考案する必要が出てきます。管理職の役割の一つは、こうした新たな課題の発生を察知し、タイミングよく、その明確化と検討のために職場での話し合いを行うことです。

こうした課題の中には、一つの係で対応できるものもあるかも知れません、他の係にも関係し、課全体で考えなければならないものもあるでしょう。さらに他の課に関わるものも、役所全体に影響するものもあるでしょう。課題の性質と広がりと重要さに応じて対応のレベルは異なるでしょうが、まずは最も関係の深い課なり係なりが全員で課題に対処するのが基本です。いわゆるプロジェクト・チームを編成して対応策を考えるということも有効でしょうが、所管の課・係が中心となって検討の輪を広げうるといった仕組みの方が、課・係自体の能力を高めるのには役立つはずです。

職場での話し合いを進めるためには、ある事態を課題たらしめている重要な要因を確定し、それらを克服するアイディアを全員が自由に出し、自由に出されたアイディアの企画立案の可能性を考え、解決策として打ち出された企画案を実現する手順を検討するという一連の意思決定手続が必要です。そのために必要十分な情報を整え、議論を整理しまとめあげる役割が必要です。その役割を担う職員とそれに適宜助言を与える職員（主として係長や課長）との間に、そして、この討議に参加する職員全員の間に、日頃の仕事の処理について反省や見直し、相互の啓発と認識が行われれば、それは職場全体の活性化に間違いなく役立つのです。「職場組織も思考し創造できる」という確信が職員に共有されるとき、その組織は職員によって内から支えられるのです。職場での話し合いを「職場研修」の戦略的手法として活用し得るかどうかは管理職の能力を測る一つの尺度ではないかと思います。

第5講

人事管理と職員の働き方

I　職員の人事管理

１　地味で、真面目で、控えめだけでいいか

やる気のなさの原因　自治体職員への苦言・批判は尽きないですね。かつて、カキクケコ型（大過《か》なく、大危《き》なく、大苦《く》なく、大競《けい》なく、大考《こう》なし）職員とか、３ズ（休まず、遅れず、働かず）型職員とか、揶揄《やゆ》されたことがあります。このような職員がどうして出てくるのか、どうして職員に覇《は》気《き》がなく、やる気がないのか。よく耳にする原因は、主に次の三つです。

① 役所は倒産することがないこと。倒産と失業があれば、頑張るはずだ。倒産することがないから、やる気を出して頑張る必要も感じないのではないのか。

② 仕事の上で努力してもしなくとも、実績を上げても上げなくとも、一定の昇任と給与が保障されていること。頑張っても頑張らなくとも処遇があまり違わないのならば、頑張らないのではないか。

③ 個人としても組織としても競争意識がないこと。競争意識がないとやる気も出てこないから、

職員も職員が所属している組織も競争する必要を感じていないのではないのか。

①については、株式会社などと違って、地方政府としての自治体は、財政再建団体になることがあっても、倒産することはないと考えられています。役所が倒産して、職員が失業するという事態は想定されていないのです。それならば、倒産がなくとも失業する可能性を作り出せば、やる気が出てくるかもしれない。本人の意に反して失業させるとすれば免職することになりますが、やる気を出させるためには、やらなければ免職ということにすればよいではないかということになります。そういうことが、そう簡単にできるでしょうか。

②については、努力と実績を加味した人事と給与のシステムを確立して、その趣旨と内容をあらかじめ公表し、人事に関して職員による予測と実際が合致するような処遇を行えばよいことになります。頑張ったら報われるような処遇を行えば、やる気のない職員を淘汰していくことができるかもしれません。それでもやる気を出さない職員には退職を迫ることになりますが、そういうことができるでしょうか。

③については、①と②から出てくる「やる気のなさ」であるともいえますが、役所の外部に仕事のライバルを作り出すことによって、競争意識を持って頑張らないと仕事がなくなっていくことを理解させればよいことになります。現行のような経費をかけて、この程度の仕事振りや実績なら、役所にやってもらわなくとも結構であるということにすればいいのです。仕事がなくなる心配があれば、きっ

と頑張るはずです。例えば事業実施に関し「市場化テスト」を導入して、役場職員グループを民間事業者と競争入札で競わせればよいことにすればいい。そういうことが実際にできるでしょうか。

しばしば、職員の働き振りに不満な市町村長からは「現行の地方公務員法は何とかならないか」と質問を受けることがありました。一度役所に入ってしまうと、地公法によって強く身分が保障されているため、職員が思うように働いてくれなくて困る、という趣旨です。これは、地公法自体に問題があるからなのか、任命権者としての首長の人事政策と運用に問題があるからなのかを検討してみなければなりません、人事権を持つ首長さえも嘆く職員の「やる気のなさ」は放置できません。

現状でも不思議なことに「やる気のある」職員はいるのです。住民から信頼され、頼りにされている職員はいるのです。そういう職員がしかるべき処遇を受けられるシステムが必要です。やってもやらなくとも、あまり違わない処遇になっているのはおかしい、努力して成果を上げたらそれなりに評価されたい、そういう職員のために公平性、透明性、納得性のある人事システムを形成しなければならないということになるのです。

事起こしに乗り出す職員

ちょうど、自治体職員の人事の実態を調べに各地を歩いていた頃、私は、埼玉県の所沢市に暮らしていました。西武池袋線を使っていました。たまたま、西武百貨店に井《い》戸《ど》和男《かずお》さんという有名な人事部長さんがいることを知り、面談することができました。井戸さんは

１９３９（昭和14）年生まれで、私と同世代の人でしたが、１９７０（昭和45）年に西武百貨店に入社、後に、人事部長時代には何千人という人を面接し日本一の人事部長と称されるなど人を見極める眼力には定評があると言われた人です。

面談では、井戸さんの採用人事の考え方をお聴きしました。井戸さんは、西武百貨店の採用人事では、「地味で、真面目で、控えめで、事が無ければそれでいい」というタイプは採らないという話しでした。これは一種の消去法です。積極的な言い方として「やるぞ見ておれ、意欲に燃えて、事が有るのが面白い」というのはどうでしょうかと尋ねた覚えがあります。やや、高度成長型に偏ったきらいはありますが、自治体職員にも「無事型」ではなく「有事型」が求められているのではないかというのが私の感じ方でした。

自治体には、地味で、真面目で、控えめな職員は必要です。自治体の仕事の多くは、地味で、真面目で、控えめな職員であればこそ着実に実施されるものだからです。問題は、それで、ずーっと定年まで過ごすことです。「無事」の反対は「有事」ですが、事はただありません。事は起こすのです。一般に、世間では事を起すとはトラブルのことで、迷惑がられます。事を起こせば　地味で控えめではなくなるかもしれません。自治体職員の日常業務は、淡々と堅実に処理しなければならないことは確かです。しかし、それで、35年も40年も過ごし切るのは、どだい無理というものです。覚悟を決めて挑戦しなければならない事態に直面するものです。

第1回自治体学会・全国大会（「徳島で語ろう地域の自立」）は、1987（昭和62）年に徳島市で開かれましたが、アフター・シンポが徳島県上勝町《かみかつちょう》で行われました。葉っぱビジネスで全国に名を知られるようになった上勝町ですが、当時は、後に町長になる笠松和市《かさまつかずいち》さんたちが課長職を務めていました。その課長さんの中に、1989（平成元）年3月に退職した桂福美《かつらふくみ》さんという課長さんがいました。桂さんは、退職記念にテレホンカードを作って配りました。私もいただいたのですが、そこには「若い皆様、過ちを恐れず、事起こしに勇気をもってご活躍を期待しています。」と書かれていました。町役場の管理職が職場を去るに当たって事起こしを奨励するようになったか、と感じ入りました。

2　人事異動と人事課

人事案の作成

どこの自治体にもある人事（職員）課（係）は、総務部門系統の組織単位として、しばしば「御三家」（秘書課・財政課・人事課）の一つといわれるように、内部管理の中枢に位置しています。「秘書人事課」としている自治体もあります。

人事は人事課だけで決定されるわけではなく、人事記録、首長等のトップの考え、所属長の評価、人事需要、職員の意向（自己申告）等が、時と場合によりさまざまに組み合わさって具体的な人事が決まるのでしょうが、その「原案」作成はやはり人事課の仕事です。人事課の「原案」の強みが八分とか七分とか、何割になるかは役所・役場における人事課の重みと担当者の「有力者度」にもよるといえましょうが、「原案」作成者が大きな影響力を持っている、あるいは少なくとも職員からそう信じられていることは確かなようです。その「原案」は果たして適材適所にかなっているものとなっているかどうかが問題になります。

意外な人事

人事は個々の職員に関する事柄ですが、実際には人（職員）と事（仕事）を具体的に結び付けることです。この結合のさせ方は、論理的には、所与・既定の仕事にある職員を当てはめるか、あるいはある特定の職員を見てある仕事を割り振るかのいずれかということになります。そして適材適所とは職員と仕事の最適な結合方式のことであるといえます。

しかし、現実には、役所組織における仕事の内容はそう頻繁に変わるわけではありませんから既定の仕事に職員を当てはめることが人事ということになりやすいのです。そこで、ある課・係に配属され一定の仕事を割り当てられた職員から見て、そこが「適所」とは限らないし、逆に、課・係のほうから見て、その職員が適材だとは限らない場合も出てくるのです。

特に、本人が希望しなかったにもかかわらず、今まで一度も体験したことのない職場に回され、まったく新しい仕事を割り当てられるような場合には、当の職員にしてみれば、「どうしてここに配属されたのか」と疑問に思い、「新しい仕事にうまく適応できるだろうか」と不安にもなりますし、職場のほうでも、「この人は大丈夫かな」と心配になることも少なくないのです。

そうした人事（配転）がどうして行われるのかについて、少なくとも本人には所属長なり人事課なりから知らされてしかるべきです。まったく未知の畑（部門）に配置された本人は「意外な人事」と思っている可能性が大きいですから、自分のどのような面が考慮され、あるいはどのような面に期待をかけられて、この人事となったのかを知りたいと思うのは自然です。もし、適材適所などという基準ではなく、まったく他の「事情」で配置が行われたのであれば、なおさらその「事情」を噛んで含めるように本人に話すべきではないでしょうか。自治体の職員なら、どこの職場のどんな仕事でもこなすようになってくれなければ困るということが人事の基本方針ならば、その旨を伝えるべきなのです。本人にとって「意外な人事」が実は本人の新しい可能性を拓く機会となり得るのであるならば、そう激励すべきなのです。そして、そのような人事であるならば、新たに配属された課・係の管理者等に対して特段に助言・指導の配慮を要請する必要があるはずです。

横着な職員の異動

同じように疑問や不安が出てくる人事であっても、むしろ問題が当の職員の側にある場合もあります。ある職場である定まった仕事に馴染んでいて、それなりに習熟し、居心地がよく、その意味では異動を望まぬ職員がいないわけではないのです。しかし、居心地のよさに安住し、新しい仕事の開発への意欲を失い、その限りで自己の能力開発の努力をやめてしまっているような職員の場合には思い切った配転人事を行い、異なった職場で異なった仕事を体験させる必要があるかも知れません。

与えられた仕事はこなしているように見えていても、実は、いわば連作障害が出て生産性が低下しているかも知れないのです。何年も同じ場所にいると、そこでの仕事については一応の「事情通」になりますから、他の職員が異動して入れ替わると「実力者」となって変に職場を「取り仕切る」ことにもなりかねません。このような職員が新しい課題を見つけて仕事を組み替えることにきわめて消極的であれば、その職場は活力を失ってしまいます。人事課は、このような職員が出てこないように的確な判断を下して人事異動を行うべきです。異動拒絶がしばしば安楽願望あるいは横着願望に根ざしていることを見抜く必要があるのです。

新しい仕事で職員を育てる

ところで、職員は、たまたま、ある課・係に所属して、その仕事の一部を分担しています。職務分担表で一応定められている仕事を前提にすれば、ある職員が転出すれば、とりあえず、その職員が分担していた仕事をこなし得ると考えられる職員であれば補充できますから、この場合には仕事に人を当てはめることになります。

しかし、新規施策を打ち出すとか、機構改革を行うとか、新しい仕事を実施しなければならないとか、組織を新設しなければならないような場合には、それらを可能にする職員の配置が必要になります。この場合には、仕事は所与ではなく、必ずしも内容が確定できない新規のものとなるため、ある職員の柔軟性（しなやかさ）ないし適応性を見込んで、いわば人を見て仕事を割り振る人事を行わざるを得ません。このような場合には、むしろ畑違い、未経験が当然となりますから、特段に、そうした仕事を割り振られる職員の意欲と能力の発揮に期待せざるを得ません。人事課は、限られた役所手持ちの職員の中から、そのような人材をどのように発見し登用するか、きわめて大切な役割を負っていることになります。

この点では、都道府県でいえば日頃、本庁にいて人事課の職員と接する機会の多い部門が人事の上で得をしているといった風評を立てられているような人事課では困るのです。出先機関や諸施設にいる職員の中に人材が埋もれているかも知れません。市町村でいえば、何らかの事情で（例えば首長ににらまれて、あるいは嫌われて）本人は当然のこと、人事課から見ても必ずしも「本意」でない職場で仕事をしていても、予定されている新しい仕事に向いている職員であれば活用しないという手はありません。

このように新しい仕事に挑戦させるという人事は、人材育成の一つのやり方です。仮に自ら望んだのではないにしても、新しい仕事に挑戦し、それをやり通すことで、さまざまな困難を乗り越え、自分の中に潜在している可能性を引き出していく、人にはそういう素晴らしい一面があるのです。

「不明朗」な人事　さて、大部屋主義の職場組織では一所《ひとつところ》で職員はお互いの仕事振りを実感でき観察できるし、人事異動でいくつかの部門へ「転居」して仕事をしますから、お互いに評価イメージを形成しやすいのです。そこで、人事異動が行われると、「あの人がここに配置されたのはもっともだ」とか「どうしてあんな人がここに来たのか分からない」とか「今度来た課長は思ったとおりの人だ」とかいった風評が立ちます。もちろん、自分の人事についても不満から嫉妬ややっかみ半分のものもあるでしょうし、自分に直接関係ない場合には気楽に「批評」できるということもあるでしょう。

しかし、大部分の職員が肯首《こうしゅ》できる人事はやはり適切な人事であり、大部分の職員が首をかしげる人事はどこかおかしい人事であるといえないでしょうか。人事課は「原案」作成権を持ってはいますが、大部屋主義の下では人事評価を独占できないのです。そのことは、ある課で所属長としての課長が職務上課員の勤務評定を行うにしても、実は課長もまた日々の仕事振りや態度について職員から評価を受けていることを考えれば明らかです。大部分の職員が首をかしげる人事を人事課が行うのであれば、それは、このような職員相互で抱かれている評価イメージに挑戦することになるのです。

実際、いろいろな自治体に行って職員と話してみますと、職員から見て「変な人事」が行われていると聞くことが少なくありません。「なぜ人事課はこんな人事をやるのか」と疑問ないし苦情が出されるのは「不明朗な人事」が行われたことを表しているということができます。人事課の「特権」は、「不明朗」といわれても、「人事はマル秘」を理由にして何ら釈明しなくても済むことにあるのでしょうか。人事は内緒事、秘密事項であるという面があることは否定できませんが、できる限り、客観化する努力を行い、人事課の信頼を確保し続ける必要があると思います。

ある人事を行えば大部分の職員から不評を買うだろうということを人事課は予測できるはずです。それでも、あえて、そのような人事を行うのはどうしてなのか、人事の生命である公正さを疑われても仕方がありません。私の観測では、人事の公正さが崩れるのは人事課の外の力、例えば首長などのトップの強い意向が働く場合が多いと思われますが、いかに自分の補助機関といえ、その職員の経歴、意欲、能力などを無視して、自分の意に沿わないからといって「左遷人事」を行い、「感心なやつだ」と考えて異例の「抜擢人事」を平気でやるような首長に対して人事課は自らの存在理由をかけて苦言を呈する程度の勇気がなければ困るのです。人事課は一方で人事の客観化・明朗化を図りつつ、他方で理不尽な人事要求に抗するだけの意志と実力を備えている必要があると思います。

人材開発の大切さ

人事課が行う人事異動（配転と昇進選考）といっても、大規模自治体と小規模自治体ではその複雑さと手間・作業量は相当に異なりますから、なかなか同一には扱えない面があるのですが、共通に目立つ人事課の問題点は、従来、ともすれば、人材開発の観点が稀薄で、「研修」を軽視してきたことではないかと思われます。

人材開発の観点とは、個々の職員の持つ潜在的能力を最大限に開発していくことを人事の目的の一つとすることです。そのためには、本人がどのような仕事を経験してみたいと思っているかについての自己申告情報と本人の適性、得意の分野、今後向上を必要とされる分野・能力に関する上司の的確な評価情報とが不可欠です。

職員は仕事を通じてしか育たない、あるいは仕事を通じて育てるということが本筋です。人事において職員を単に各組織部門に過不足なく無難に配置するのみでは人材は育ちません。人材開発の明確な意図を持ち、少なくとも本人にはきちんと説明し得るだけの用意をもって人事運営を図ることが望ましいのです。そして人事課の判断が大筋として間違っていなかったかどうかを、人事異動後、一定期間が経たならば必ず職場から情報を集めて自らの職員評価と人事配置の妥当性や有効性を検討すべきなのです。

また、多くの人事課は、いわゆる人事と研修を区別し、相対的に研修を軽視する傾向を持っているように見受けられます。研修は研修所とか研修係がやるもので、それと人事とは直接関係ないと考えているふしが見られるのです。この考え方は研修をいわゆる職場外の集合型研修と同一視する狭い固定観念を生み出す一方、職員研修の本質的重要さを看過するという弊害を生み出してきたと思われます。

従来、研修といえば、職員の間でも、人事当局においても、管理職の間でも、研修所や研修担当係が設営する職場外の、それも講義中心の集合型研修のことであると観念されてきたのではないでしょうか。そう観念されたため、一方では、研修とは、新しい知識や技能を「習得」するだけではなく、自治体の職員としてふさわしい自己を形成する「研鑽」とか地域に問題を発見し分析し解決策を構想する「研究」とか利害が複雑に絡む状況の中で対外的な折衝に当たる「交渉力の育成」を含み、その研修本体が日常業務の展開される職場にあることが軽視されるか忘れられ、他方で研修が研修所で「教える」「教えられる」という学校風の活動になり、本心は嫌なのであるが、割り当てがきたから、所属長から行ってこいといわれたからとか、仕事で手が離せない同僚に代わって出てきたとか、といった非主体的で、消極的な受修（受講）態度が再生産されてきてはいないでしょうか。

研修とは単に既存の知識や技術を取得するということではありません。それは自治体職員として自己を磨く（研鑽する）と同時に、日常業務の職場に課題を見つけそれを解決していく方策を考え出す（研究する）ことです。人事異動と職場研修を結び付けて考えるならば、例えば、課長職の人事異動が行われた場合には、3か月とか6か月を経たならば担当課の仕事および運営上の現状・問題点・解決策等に関するレポートを必ず人事課経由で首長に提出させるくらいのことを実行してはどうでしょうか。このレポートを作成するには少なくとも次頁の図表に掲げるような諸点を観察・考慮しなければならないのではないでしょうか。

いずれにしても、研修の本体は、研修所や研修担当が設営する職務外の研修プログラムを受講することではなく、職場での仕事を通じ職員本人が自らの潜在的能力を自ら引き出していくための活動と

図表　課長職が観察・考慮すべき諸点

□課の任務規定の解釈は今までのままでよいか。
□課の任務・目標はメンバー全員の共通理解となっているか。係および係員に対する職務の割当ては合理的かつ公平になされているか。
□職員間で仕事はスムーズに進められているか。
□割り当てられた仕事が課・係全体の中で明確に位置付けられているか。
□各職員に割り当てられている職務は当該職員の能力・適性等に合致しているか。
□職員の潜在的能力を引き出すために職務を拡充する可能性はないか。
□課内で必要な情報が必要なところへ必要な時に届くようなシステムが作り上げられているか。
□ある職員のところへ情報が集中して、そこでオーバーフローを起こしていないか。
□逆に必要な情報が届かずに困っている職員はいないか。
□課・係全体の仕事が滞りなく進むように上司・同僚・部下がお互いに相補い融通し合う補完行動をとっているか。
□メンバー間の人間関係は良好か。
□ある職員が日常業務において問題を発見した場合、それを係や課の検討課題にしやすいような自由でおおらかな職場の雰囲気はあるか。
□新しい課題について調査研究し、その解決を図ろうとする「政策研究」の志向が職員の間にあるか。
□そうした志向があっても、その実現をはばんでいる障害は何か。
□当該課の任務に関連して他の自治体の動向はどうなっているか。
□外の情報はどの程度流入しやすい態勢になっているか。
□現行の職務遂行について、その内容と方法に改善の余地はないか。
□今まで人力と時間を注ぎ込み過ぎている業務はないか。
□新たに取り組む必要のある業務は何か。
□それにはどこの誰を振り向ければよいか。
□仕事を通して職員の長所をさらに伸ばし、弱点を克服するにはどのような指導をすればよいか。
□各種の研修の機会をどのように奨励しているか。
□職員が他の自治体・地域等へ訪問研修に行き、シンポジウム等へ積極的に参加することを激励する雰囲気はあるか。
□職員が学んできた成果を少しでも生かそうとする努力がなされているか。

その支援システムにあるといえます。

私は長い間、集合型の受講方式の講師を引き受けてきましたが、従来の研修のあり方に疑問を感ずるようになりました。例えば、研修所ないし研修会場が庁舎の近くにあると研修生が落ち着かないので、できるだけ遠い、しかも静かな場所に設置すべきだと考えられ、現に多くはそのような実態となっています。これも、研修を職場外の集合型のものを中心におく考え方の結果ではないかと思います。私は研修所・研修会場は庁舎内か、すぐ近くに置くべきではないかと思います。個々の、そして単位組織（係や課）のニーズに応じた多様な人材開発の支援活動を展開するためには距離的にも庁舎内かその近くにおいておく方がよいし、また人材開発の観点に立って研修と人事運営を結び付ける工夫をもっと行うべきではないかと考えるからです。

受講を嫌がる職員

率直に言って、多くの市町村の職員は、これまで、研修を嫌がっているように見受けられます。仕事上どうしても必要であるから、不本意なのだが課長に出てくるように言われたから、関心はないが他の人も出ているから、というように、いたって消極的な受講理由が多いように見受けられます。中には、忙しい職員がいて出られず課への割当て人数が不足するため代わりに出てきたという職員もいます。したがって、受講する科目・テーマについて、あらかじめ特に関心もなければ、いわんや予備学習など行うことはありません。事前にやるようにと言われた参考文献に目を通すこともやってはこないといった具合です。

もちろん、このような研修風景ばかりではありません。ある時期から、施策課題研究とか政策形成能力の育成とかいった従来なかった研修科目が加わり、しかもできるだけ講義式から演習・討議式をとり入れはじめており、法制・法規中心の受講方式の見直しも行われています。しかし、まだ大勢は、どちらかといえば多くの職員が嫌々ながら受講するスタイルの研修が支配的ではないでしょうか。

Ⅱ　職員の自主研究活動

自主研究活動の意義　このような中で、職員の自主研究活動は、一味違った特色と意義を持ちつつ展開されてきています。研修所や研修担当係が一方で従来型の研修を維持しながら、他方で自主研究に何らかの助成を行ってこれを奨励しているのは、言うまでもなく、研修における自発性・自主性の大切さに気付いているからです。

自らの発意と自らの選択で学習し研究することは現実にはなかなかできにくいことです。つい横着願望が首をもたげるし、根気もそうは続かない。仕事だけでなく、家族のこともあるというように、自主研究をしない、できない口実はいくらでも見付けることができます。

それにもかかわらず、自主研究グループを作って政策研究を行っている職員に出会うと、よくぞ頑張っていると感心します。私が、仮にどこかの自治体の課長なら、自主研究に参加し、頑張っている職員が自分の課のメンバーにいることを誇りに思い、激励したいと思いますね。職場でも、家庭生活でも、あれこれ自主研究を抑制させる要因は少なくない。それでも、自己形成をめざして、政策課題の解明をめざして、自主研究活動を行っている職員を私は高く評価したいと思います。

しかし、残念なことに所属長（課長）の中には、こうした職員の意欲と活動を積極的に評価せず、むしろ変人視する人がいるのは、はなはだ残念なことです。職員を人材として育てる責任を負っている管理職が自発的に研究しようとする職員を冷やかな眼でみるなどということはあってはならないことです。しかし現実にはそうした不見識な管理職がいないわけではなく、その一点でも昇任管理に問題があると言わざるを得ないのです。職員の自主研究活動に冷淡な管理職を人事運営によってまずなくすこと、これが自主研究を支援していく基本ではないでしょうか。

村瀬誠さんと自主研究活動

自主研究活動の核心が、既存の組織やラインの職場から離れ、自治体行政をいわば外から見直すことができる独自性にあるとすれば、そのことが自覚され、それを実際に可能にするようなグループ・メンバーの構成と研究活動の運営方法が必要となります。この点で参考になったのは東京都墨田区の「ソーラーシステム研究グループ」（代表・村瀬誠《むらせまこと》）でした。１９８６（昭和61）年頃だったと思います。このグループは「地域社会におけるソーラーシステムの実状と課題」「地域社会の水思想」という報告書をまとめ、前者は管内のオシボリ工場へのソーラーシステムの導入、後者は新国技館や区立健康学園等への雨水利用システムの導入として、実際に活かされたのです。（後者とその後の廃棄物の研究は、ＮＨＫブックスから『都市の水循環』『都市のゴミ循環』として刊行されています）。これは、素晴らしいことでした。

村瀬さんは、「グループの一人ひとりの意識変革の契機になったのは、構成メンバーの多様化であった」とした上で、次の３点をグループ運営の基本（コンセンサス）として確立する必要があるとしていました。

①出身部局、専門にこだわらないこと。「知らないことは知らない」とし、平気で恥をかき合うこと。②「誰が」言っているかでなく、「何を」言っているかを大切にすること。③机上で考えないで、できるだけ現地に出かけて行き、自分の目でたしかめながら考え合うこと。

そして、「とりわけ、みんなで現地に出かけ、現地の人たちと話し合い、さらにその後グループで論議するパターンは現在のわれわれの活動の基本となっているが、このことは、自らセクショナリズムを打ち破り、新たな視点から問題解決を探る重要な契機となったと思う。」と述べています。

自己発見の効用

自主研究活動には、何より自己発見的な効用があると思います。ある課・係に所属し、ある仕事を行っている現実の自分がいる。その自分が現在のようにしかものを感じ考えられないのはなぜか、現在のように行動しているのはなぜか。こうした点を他の職員との出会いと協働作業の中で気付くのです。特に、他の自治体の現地・現場に訪ね、そこで語り合ってみる調査旅行は効果的です。第一、どこの誰に会いたいか、会うべきかを決めるためにはそれなりの情報が必要です。その勉強も大切です。自主研究活動は、それに参加する職員に、いかに自分がものを知らなかったか、いかにものを固定してみてきたか、職場にいかにさまざまな可能性があることに気付かなかったかを自覚させる効用を持っているといえます。

活動への支援策

自主研究活動は、自治体職員が行うものである限りは、何といっても地域に根ざした、住民にとって切実な、しかも現実の行政の企画にのりやすいような視点と問題設定と政策提示がほしいところです。自主研究本来の自由さ、のびのびとしたおおらかさを大切に考えれば、実際の職場ではなかなか言い出せない、あるいは着手しにくい課題こそを見出し、それに挑戦することが望ましいと思います。

このような研究活動を支援するためには、①できる限り関係部門が関係情報を提供すること、②研究成果の発表の場を設け、必ずそこに関係部門の管理職が出席することが必要です。このような工夫をしなければ、自主研究といっても、単なる「おしゃべり会」に終わっていないか、本当に充実した政策研究になっているかどうかは分かりにくいのです。私は形式的に研究報告書を書かせるよりも必ず研究発表会を開く方が支援策としては有効ではないかと思います。

大切な職場風土

自主研究に意欲を持ち、地域に根ざした政策研究を行っていけば、おそらく、そうした職員は現実の職場がある種の改善を必要としていることに気付くかもしれません。職場外で気の合った仲間と自由に、しかし真剣に政策研究を行い得れば、ひるがえってなぜ自分の職場では係や課の任務に即してそうした政策研究活動ができないのか、どこに問題があるのかに思いが至る可能性があります。仮に職場外で政策形成能力を育成できたとしても、当の職場が政策形成能力の発揮を阻んでいるとすれば、自主研究活動への熱意は職場への不満を蓄積させます。職場自体の政策形成能力こそが本当は職員を大事にする基本条件であることを強調したいと思います。

Ⅲ　「人の心組み」こそ人事管理の要諦

問題のある管理職昇任のあり方　大部屋執務を前提にして、人材育成の観点から見過ごせないわが国の公務世界の特色は、概して、管理職への昇任が、地公法が規定している競争試験ではなく選考という方式に依拠し、しかも、ひとたびある職員をある時期に管理職の地位に昇任させると、その後は、よほどのことがない限り、また本人が希望しない限り、管理職からの降任がないことです。

現実には、あるときに特定の単位組織の特定の管理職への昇任が行われても、それはそれ限りというこことではなく、その後は、どこかの管理職のポストに配置されることになるため、およそ管理職への昇任になってしまうのです。したがって、ひとたび管理職にした職員の配置に当たっては、どこかに当てはめて落ち着かせることが人事管理上の課題になってしまいがちです。すべての職員の配置と昇任は「適材適所主義」を原則にするというのは建て前になりやすく、「不適材不適所」ともいうべき現象が生まれることになります。管理職の需給調整も手持ちの管理職者間で行うことになりますから、幹部職員になるまでの職員養成の仕組みと管理職昇任（あるいは降任）の方式、つまり人事管理システムのあり方が重要になります。現にいる職員をどのように幹部職員として育て登用するのかが問題になるのです。

「人組みは人の心組み」

自治大学校などでの研修講義では、しばしば、組織と管理職のあり方について、奈良の宮大工の棟梁であった西岡家に伝わってきたといわれる家訓を取り上げています。

> 塔は木組み、
> 木組みは木のくせ組み、
> 木のくせ組は人組み、
> 人組みは人の心組み、
> 工人の非を責めず、
> 我が身の不徳を思うべし

この文言は、たまたま、行きつけの飲み屋さんの壁に掛かっていた額に書かれていたものです。この原文が西岡家の家訓にあることを知ったのは、『朝日新聞』の１９８７（昭和62）年2月23日の夕刊、第一面コラム「今日の問題」の記事でした。西岡常一《にしおかつねかず》さんは、日頃は「塔組み木組みは木の癖組み、人の心組み」と書いていたそうです。現在にも通じる組織と組織管理者のありかたを見事に突いていると考えられます。

実は、語呂がよくて、覚えやすくするために、「塔は木組み」のフレーズを引用していますが、このフレーズは、西岡家に口伝で伝わっている家訓とは違っています。念のため、西岡常一『木に学べ―法隆寺・薬師寺の美』（小学館、1988年3月、225頁）によりますと、西岡さんが、この本の中で記している法隆寺の棟梁に伝わる口伝は次のとおりです。

一　神佛を崇めずして伽藍社頭口にすべからず
一　伽藍造営には四神相應の地を撰べ
一　堂塔の建立には木を買はず山を買へ
一　木は生育の方位のままに使へ
一　堂塔の木組は木の癖組
一　木の癖組は工人等の心組
一　工人等の心組は匠長が工人等への思やり
一　百工あれば百念あり　一つに統ぶるが匠長が器量也
一　百論一つに止まるを正とや云ふ也
一　一つに止めるの器量なきは謹み惶れ匠長の座を去
一　諸々の技法は一日にして成らず　祖神達の徳恵也

語呂がいい方の「塔は木組み」で始まる家訓について解説すれば、次のようになるでしょうか。塔は達成すべき目標です。木はこの目標達成のための材料・手段です。その木には癖がある。すなわち、木質や木目、材質や向き不向き等の特色があり、それを見抜いて用途に応じて組み合わせる必要があるのです。木と木を組み合わせる作業は同時に人の配置と協働でもあります。ちょうど木に癖があるように人にも癖がある。その癖を上手に組み合わせる必要が出てくるのです。「人組み」とは組織化（特定の目標の実現に向って人びとを協力させること）のことです。そして、この「人組み」の核心は「人の心組み」にあるというのです。

人は人によって動きもすれば、人によって動かないこともある。人は何によって一番よく動くか。心動かされたとき最もよく動く。人の心はいつ最もよく動くか。その人の良さと努力が正当に評価され、さらに激励されるとき、人の心は最もよく動く。組織化の要諦は、この「心組み」にあるというわけです。「心組み」の出来、不出来が目標達成の有効性を大きく左右すると考えられるからです。

この口伝では、ここまでがいわば組織論になっています。これから先の二行がいわば管理職者への戒め、組織管理者論となっているのです。棟梁（リーダー、責任者、管理者）は、目標達成の活動（塔の建築）が円滑に運ばない理由を、木組みの作業に当たっている個々のヒラ大工・職人（工人）の非に帰せしめず、「人組み」「人の心組み」を巧みにできない我が身の力不足や未熟さをこそ反省しなければならないといっているからです。実に言い得て妙ですね。

生前の西岡さんにお会いしたかったのですが、ついにその機会を逸しました。１９９５（平成７）

年4月11日に亡くなりました。享年86歳でした。西岡さんには2男2女がおいでになるのですが、息子さんたちは宮大工を継ぎませんで、小川三夫《おがわみつお》さんという人が、直弟子として宮大工を継承しています。

「人組み」が下手で「人の心」に鈍感な、その限り管理者としてはおそまつであるにもかかわらず管理職の地位についている人には耳の痛い格言となっています。そうした欠陥管理者は全国の自治体にどのくらいいるでしょうか。

もっとも「人を動かす」ことは容易でないのです。人に個性と「自由」（他人から関与をうけないこと）でありたいという心があるからです。自治体職員の新規採用の場合には、筆記試験と面接試験というフィルターを通して選ばれるけれども、生まれも育ちも違い、生身の人間としては十人十色の相違と偏りをもって役所に入ってくるのです。そのような個性的な個々人を共通の目標の達成に向かって協力させるのは容易ではないのです。

「人組み」「人の心組み」にはさまざまな苦労があり、技量の錬成が必要です。この技量は年齢を重ねることのみによっては必ずしも保証されませんが、人の長所、適性、能力を見抜き、目標達成に向かって「協働の体系」（組織）を管理するには、年巧によって育まれ得る洞察力、経験に基づく知恵、生活人としての練れ具合いもまた大切です。そして、その錬成度に差異があれば、評定も可能となり、さらに研修・啓発の必要も出てくるというものです。

自治体職員の仕事は、私のような大学教師と違って気楽の稼業というわけにはまいらないでしょうし、上司と部下の関係の中で気疲れ気重のことも少なくないはずです。しかし、その反面、組織という協働の仕組みを持っていて、相対的に凡庸な個人が孤立していては到底なし得ない素晴らしい成果を上げることができるのです。もっとも、自治体職員が、そのようなものとして組織を考え、また日常の仕事の遂行で充実した達成感を得られているかどうか、疑問なしとはしませんが。もしそうならば、それはどうしてなのか、どこに原因があるのかを検討してみなければなりません。「人組みは人の心組み」、これこそ自治体の職場のチームワークの核心だからです。

特に、現在係長職・課長補佐職にある人たちは、今までの経験から、「人組みは人の心組み」とは、どういうことなのかを各自考え、管理職昇任に備えてほしいと思います。

Ⅳ　すべての自治体に求められる人事評価とその活用

7年越しの地方公務員法の改正

２０１４（平成26）年４月25日、地方公務員法及び地方独立行政法人法の一部を改正する法律案が参院本会議で可決、成立しました。実に7年越しでした。２００７（平成19）年４月に、能力及び実績に基づく人事管理や退職管理の適正の確保等を図るための国家公務員法等の一部を改正する法律案が成立しました。これに合わせる形で、２００７年5月に地方公務員法等の一部を改正する法律案が国会に提出されたのですが、その年は時間切れで継続審査となりました。２００９（平成21）年に再提出され、7月まで審議が行われたのですが、衆議院解散によって廃案となっていました。

今回の改正が7年越しであったのは、内容が２００７年の法律案とほぼ同じものだからです。総務省は、２０１１（平成23）年6月2日に「地方公務員の労使関係制度に係る基本的な考え方」を公表し、２０１２（平成24）年5月11日に「地方公務員制度改革について（素案）」を発表し、各方面の意見を聞いて法案化の作業を行っていたのですが、今回は、これとは切り離した改正となりました。

削除された「第3節　職階制」の規定

マスコミではほとんど報道されなかったのですが、公務員法制のあり方として今回の改正で記憶にとどめておくべき点は、「職階制」を廃止し、それに代えて「人事評価」を入れたことです。

戦後改革の一環として国家公務員法では職階制を導入することになっていたのですが、２００７（平成19）年の国家公務員法の改正に伴い、「国家公務員の職階制に関する法律」は２００９（平成21）年４月１日に廃止されました。それに伴い地方公務員法の「第３節　職階制」も削除されたのです。

職階制とは、職務の種類に応じて職種を分類し、さらにそれを職級に分類する制度をいいます。これを貫徹すれば、ある職種のある職級にはいかなる資格・能力が必要とされるかが明確となり、それに即した人事を行うことになります。わが国の公務員法制では、どうして職階制が拒否され、立ち枯れ、ついに廃止されたのかについては、ここでは省きますが、職階制はわが国の職場の風土に適合しなかったからだと言われています。この点は、大森彌『官のシステム』（２００６年、東京大学出版会「Ｉ章　持続した官のシステム――立ち枯れた職階法」）を参照してください。

人事評価と任用・給与・分限

改正法では、職階制に代わって人事評価が明記されるなど国家公務員法と足並みをそろえています。①能力本位の任用制度の確立に関しては、任用（採用、昇任、降任、転任）の定義を明確化するとともに、職員の任用は、職員の人事評価その他の能力の実証に基づき行うものとしていること。②人事評価制度の導入に関しては、職員がその職務を遂行するに当たり発揮した能力及び挙げた業績を把握した上で行われる人事評価制度を導入し、これを任用、給与、分限その他の人事管理の基礎とすること。③分限事由の明確化については、分限事由の一つとして「人事評価又は勤務の状況を示す事実に照らして、勤務実績がよくない場合」と明確化にしたこと。④その他、職務給原則を徹底するため、地方公共団体は給与条例で「等級別基準職務表」を定め、等級別に職名ごとの職員数を公表するものとしたこと。

既に人材育成方針や職員研修計画の策定を含め人事システムの改革に乗り出した自治体は、国家公務員法を受けた改正地方公務員法の内容に、それほど戸惑うことはないのです。なぜなら、国家公務員法の改正は、率先して能力・実績に基づく人事評価に乗り出した自治体の試みを参考にしていたからです。しかし、多くの自治体は、これを期に、能力及び実績に基づく人事管理の体制を確立しなければなりません。それほど職員数も多くなく、お互いに顔の見える職場だから面倒な人事評価はいらないという声を聞きますが、少なくとも従来のような年功序列的な運用、あるいは当てはめ的な人事を続けるということはできなくなります。

勤務評定と人事評価

これまでの勤務評定も一種の能力評価ではあったのですが、一律に在職年数・所属年数で人事を運営し、どちらかといえば勤務評定はその補強程度しか扱われてこなかったといえます。勤務評定の手法も未熟で、評定担当者は忙しく、生身の人間の評価は嫌われがちであったのです。ですから、人事評価を人事管理の基礎とするといわれても面倒だなと思うかもしれません。しかし、これまでのように、職員の持てる可能性を十分発揮させせないような人事運営は、やる気のない職員には好都合かもしれませんが、地域と住民のニーズを見抜き、意欲を持ち能力を発揮しようとする職員にとっては不都合であり、また納税者としての住民に対しても十分に説明できるものではないと言わざるを得ないのです。

地域と住民に目を向けた意欲的な仕事をしようとしても、そうでなくとも、給与や昇進には差がないというのでは、誰が頑張るでしょうか。意欲と能力を発揮する職員を激励し評価する人事管理システムの構築が必要なのだと思います。人口減少社会が到来し、予算編成における精選主義・減分主義が避けられない時代には、少数精鋭の職員が最大限に能力を発揮し得るような人材育成と人事評価の体制が不可欠であるからです。

改正前の地公法の規定でも、「任命権者は、職員の執務について定期的に勤務成績の評定を行い、その評定の結果に応じた措置を講じなければならない」（第40条）こととなっていました。勤務評定と人事評価ではどこが違うのか。人事評価も、職員の執務の状況を把握、記録するものとしての性格は勤務評定と同様ですが、評価基準の明示や評価結果の本人への開示など定義・位置付けを明確化し、また、従来の勤務評定と比べて能力・実績主義を実現するための手段として客観性・透明性を高めるものとなっています。
　これまでの勤務評定の問題点としては、評価項目が不明瞭であり、あらかじめ明示されていない、上司から一方的に評価されるのみで、評価結果は部下に知らされない、人事管理に十分活用されていない等が指摘されてきました。こうした点の改善に乗り出す先駆的な自治体が出てきて、新たな人事評価制度を先行させ、それが国家公務員法の改正を促し、地方公務員法の改正につながったのです。

従来の人事管理の問題点　一般に、自治体では、年功序列的な考え方を基礎に横並び的な人事が行われてきました。「年功」でもなく、「年次」・「年齢」が決め手になっていたことも多いのです。人事の命は「適材適所」であるといわれますが、実際は、秩序維持型の当てはめ人事が一般的で、降任人事はまずないし、抜擢人事はむしろ例外でした。
　人事担当部門には、個々の職員に関し属性と経歴と人柄の記録が保存され、順送りの「和」を重んずる人事決定の内部基準があるようです。この点では、職員が全体として公平な処遇を得られるようにはからい、強い不満が発生することを避ける工夫をしてきたとも言えます。その結果、人事の年次管理の中で先輩の背中を見て追いかけていけば自分も役職が上がり同じ処遇が受けられるという期待が職員の間に定着することとなったのではないでしょうか。また、これまで自分は能力が劣ると判断されることがなく、他の職員をそう判断することは「忍びない」「可哀想だ」という発想が根強かったとも言えます。もし能力・業績主義を強めていけば、個人の能力を明確に評価し、人事や処遇に関し必要な人事措置をとらなければならなくなります。そうなれば職員間に格差が生まれるではないかと。職員の間に勤務評定の結果を給与等の処遇に使うことを忌避する空気があることを考え、また、改革ともなれば実際には勤務評定に消極的な職員団体とも折衝しなければならないこともあって、本来、こうした状態を改革しなければならないはずの首長と人事課が波風を立てることを気にして現状維持を続けている場合も見られました。

しかし、他方で、次のような改革意見もなくはなかったのです。旧来の「閻魔帳」型の秘密的で一方的な人事運営はよくない、職員が納得できるものに変えるべきだ、「努力した者は報われる」という当たり前の論理が組織内に行き渡ることで職員の士気は高まる、恣意的な人事を排除し、透明・公平を確保できる勤務評定制度を実現していくべきだ、人事管理はブラックボックスになっており、個人の能力や実績を正しく評価し、報酬や昇進・昇格に結び付ける総合的な人事評価システムが必要だ、等々。

新たな人事評価の仕組み　新たな人事評価の基本的な仕組みは次のとおりです。①評価を能力評価及び業績評価の二本立てで実施する、②評価項目、基準、実施方法等、評価基準を明示する、③各評価者への研修等を行い評価者を訓練する、④被評価者が自らの業務遂行状況を振り返り自己申告を行い、評価者と被評価者が面談・話し合い、目標設定やフィードバックを実施する、⑤評価結果を被評価者に示し、今後の業務遂行に当たっての指導・助言を実施する、⑥評価に関する苦情に対応する仕組みを整備する。首長等の任命権者は、「人事評価を任用、給与、分限その他の人事管理の基礎として活用するものとする」（改正後の地公法第23条第2項）こととなりました。人事評価の結果をいかに活用するかが今回の改正のポイントになっています。

昇任人事

職員の昇任をはじめとする任用の際の能力実証の手段として人事評価を積極的に活用することになります。例えば職員の昇任は、「任命権者が、職員の受験成績、人事評価その他の能力の実証に基づき、任命しようとする職の属する職制上の段階の標準的な職に係る標準職務遂行能力及び当該任命しようとする職についての適性を有すると認められる者の中から行うものとする」（改正後の地公法第21条の3）とされています。過去複数年の人事評価の結果が所定の要件を満たす者の中から最適任者を昇任させることになります。

首長から見れば、この枠組みの中で昇任人事を行うことになりますから、いかに首長に人事権があると言っても、これから外れる人事を行えば恣意的だという批判を受けることになります。逆に、首長は、職務遂行に関し一定の水準と適性を有する職員を確保できることになるのです。首長はその中から最適任者を選ぶことができます。

業績評価と勤勉手当

直近の業績評価の結果を勤勉手当に活用することになります。国では、勤勉手当の支給総額の上限の算定に扶養手当を算入するとともに、標準の支給率を一律に抑えた上で、勤勉手当の上位の成績率の支給原資として、直近の業績評価の結果に基づき、成績区分・成績率に応じた勤勉手当を支給しています。自治体も、こうした国の取組を参考に、評価結果に応じた勤勉手当の運用を図ることになります。勤勉手当について、扶養手当の支給基礎額への算入や成績率を反映させない一律の支給などの不適正な運用がある場合には、速やかに是正する必要があります。

業績評価に関しては次の点の認識が重要であると思われます。業績評価は、職員が果たすべき職務をどの程度達成したか（例えば具体的な業務の目標、課題を期首に設定し、期末にその達成度を評価）を把握することです。目標設定は業務の実態に応じて設定され、必ずしも数値目標のみならず、定性的な目標や効率化、業務改善などに着目したものもあり得ます。仕事（任務・職務）は単位組織（局・部・課・係）に概括列挙的（○○に関すること）に与えられており、それをメンバー全員で分担・協力して遂行することになっています。こうした職場組織の特色から、所属組織ごとに目標管理的な検討を行わなければ、効果的な任務遂行はできないはずです。この認識に立てば、業績評価はむしろ容易であり不可欠であることが理解できるはずです。

昇給と分限

過去1年間の人事評価の結果を昇給に活用し、過去2年間の人事評価の結果を昇格に活用することになります。国では、昇給について過去1年間の能力評価・業績評価の結果に基づき、「勤務成績が極めて良好である職員」から「勤務成績が良好でない職員」まで、原則として5段階（S、A、B、C、D）の区分で昇給を行っています。自治体も、こうした国の取組を参考に評価結果を反映した昇給の運用を図ることになります。また、能力評価又は業績評価の全体評語が最下位の段階の場合を、降給（降格・降号）処分の契機として活用し、また分限（降任・免職）処分の契機として活用（助言・指導・研修などの改善措置）し、矯正されなかった場合には分限処分を行うことになります。

人事評価と人材育成

人事評価における自己申告、目標設定、面談や評価結果の開示などの過程を通じて、職員が自らの職務行動を振り返ることにより、効果的、主体的な能力開発につなげることができます。管理・監督職たる評価者にとっては、評価者訓練が能力開発の機会となるとともに、評価者としての責任を担って評価を行うことで日常的な指導能力を向上させることができます。能力評価の評価項目や評価結果については、職員の能力開発への取組として、研修プログラムの設定、改善などに活用するとともに、評価結果に基づき各職員の得意分野の能力向上や弱点克服のための研修受講を促すのです。人事評価制度を各自治体の人材育成に関する基本方針に位置付け、体系的な能力開発に努めることになります。

人事評価では、職員がその職務を遂行するに当たり実際に発揮した能力及び挙げた業績を評価するのであって、潜在的能力や業務に関係ない能力、人格・人柄を評価するのではありません。その上で、人材育成の観点とは、個々の職員の持つ潜在的能力を最大限に開発していくことを人事の目的の一つとすることです。そのためには、本人がどのような仕事を経験してみたいと思っているかについての自己申告と本人の適性、得意な分野、今後向上を必要とされる分野・能力に関する上司の的確な評価情報とが不可欠です。

繰り返し指摘していますように、職員は仕事を通じてしか育たない、あるいは仕事を通じて育てるということが大切です。人事において職員を単に各組織部門に過不足なく無難に配置するのみでは人材は育ちません。人材育成の明確な意図を持ち、少なくとも本人にはきちんと説明し得るだけの用意を持って人事運営を図ることが望まれているのです。

以上のような人事評価制度の導入によって首長が選挙後の論功行賞ないし報復的人事を行うとか人事異動において「縁故」や「口利き」などが入るといった余地はなくなります。他方、年功序列・横並びの扱いによって、ともすれば公務員の身分に安住しがちな職員をなくしていくことになります。自治体の行政は、結局、「人」だといいますが、職員の意欲と能力を最大限に引き出すという意味で職員を大事に扱うべきです。すべての自治体の首長と人事課にとって人事評価とその結果の活用は待ったなしの改革課題です。

「並」から抜け出す

職場を共有して、いつも顔をつき合わせながら仕事をしていると、職員は、縦も横も相互に仕事振りや人柄を評価することになります。つまり、わが国の公務の職場では人事評価は縦横に行われ、一種の「相場が立つ」ことになります。ある単位組織を構成する職員の「出来具合」と「政策発案力」にはバラつきがあります。

民間会社では、社員は、少数のエース級の者と箸にも棒にもかからない者、大多数の中間のグレーゾーンにある者に分かれるといいます。実は、エース級の社員と辞めてもらいたい社員はわざわざ人事評価システムに乗せて評価しなくても判別できるのです。問題は大多数のグレーゾーンの社員に人事評価制度を適用した場合に、どういう副作用が職場と仕事に現れるかです。ここへ荒っぽい成果主義を導入すれば職場はぎしぎしし、暗くなり、全体の士気と実績が低下することもあるかもしれないのです（高橋伸夫『虚妄の成果主義—日本型年功制復活のススメ』ちくま文庫、２０１０年を参照）。

職員の中には、放っておいても良く仕事が出来る人がいます。また、逆に出来の良くない職員が必ずいるものです。ほとんどの人は並・普通に入っています。寿司や鰻のお品書きでは、「並」から始まり上、特上、極上と並以上になっています。並以下はない。人間集団には「並」以下がいるのです。ここがポイントです。「並」から上の人のことを「並以上に良く出来る」と言い、さらに出来る人のことを「並はずれてよく良く出来る」と言います。「並はずれて良く出来る」人は優れ者です。こういう人は、職員にも少数ながらいます。「並以下」は出来が悪い人で、一番問題なのは「並はずれて出来の悪い」人です。諺《ことわざ》では「下手があるので上手が知れる」とはいいますが、できるだけ「下手」を減らす努力は必要です。

ほとんどの人は「並」に入っていて、飛び抜けてはいないけれども、可もなく不可もなく仕事をしています。これは管理職についても同様です。「並はずれて良く出来る」人はあえて評価しなくても職場では分かっています。「並はずれて出来の悪い」人も分かっています。これからの人事評価の意義は「並」及び「並の周辺」の職員一人ひとりについて適切な評価を行い、「やる気」を一層出してもらう点にあるのではないでしょうか。

与えられた仕事の出来、不出来による秀で具合の軸

図表　職員の出来具合と政策発案力

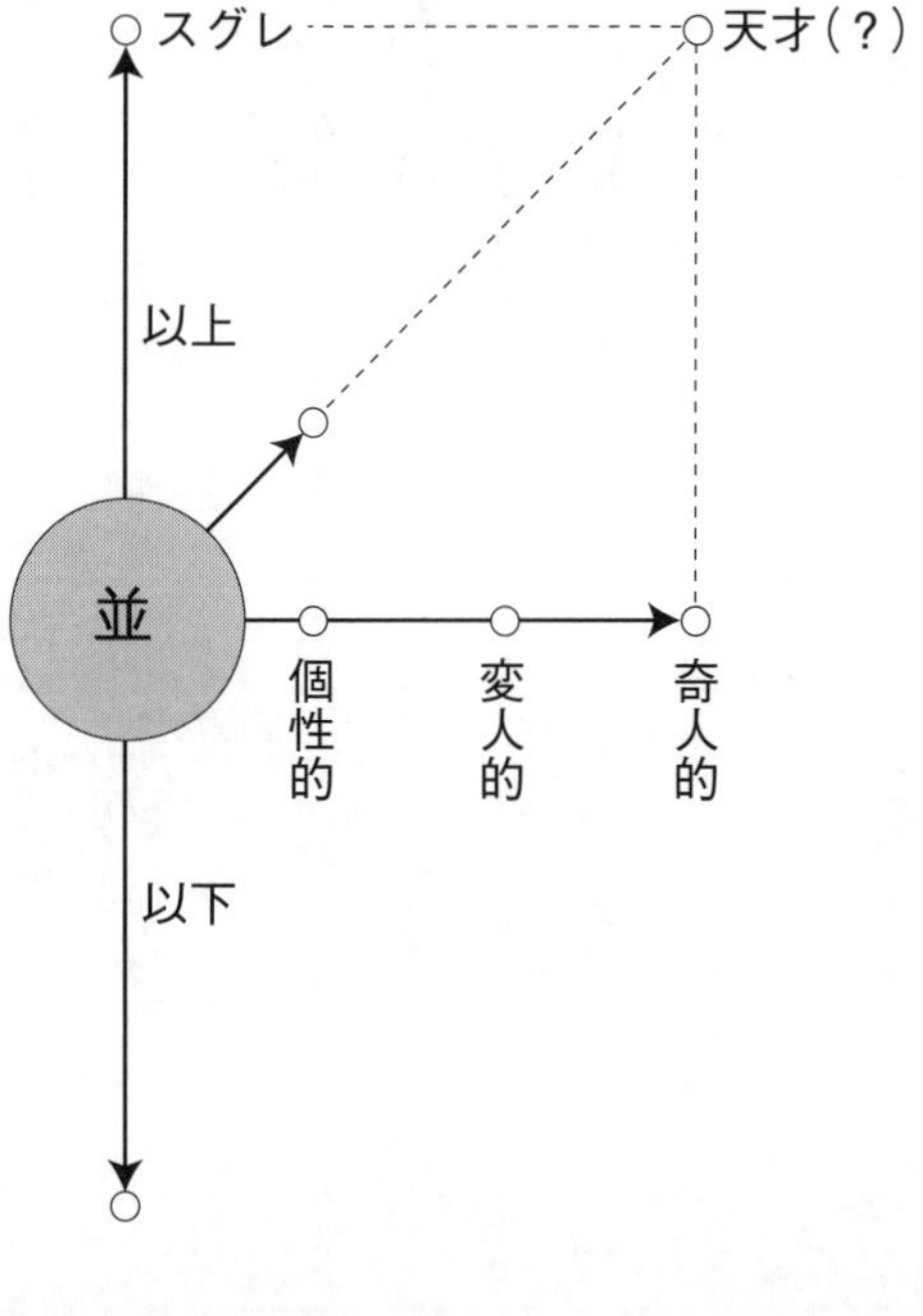

（縦軸）でいえば、並以上を目指すことになるのですが、自治体職員としては、これだけでは不十分です。仕事を作り出す力も問われます。新たな施策の企画・立案や新たな実施手法の開発に乗り出すことが期待されているからです。この新たな取組を、新規度の軸（横軸）とし、その度合いを人格イメージで表すとすれば、並は凡人、そこから離れていくと、ちょっと違う、一味違う「個性的な人」、さらに、かなり風変わりな「変な人」、極まるのは、理解しにくい「奇人」ということになるでしょうか。

人材育成とは、「並」から一歩踏み出すように職員を育てることなのです。並以上に良く出来たかどうかについて、客観的な尺度がないと分かりませんから、業績評価と能力評価を客観的に適切に行いうるような公平な尺度を開発する必要があるのです。その上で、新たな事に踏み出す「個性的な人」になることが期待されているのです。これが並から一歩出るということです。

「大役人になれ」

人材論ということで、忘れ難い記憶が2つあります。エピソード風になりますがお話しします。現役で大学に勤めていた若い頃、教え子の結婚式で仲人を務めたことがあります。東大の教養学部の1年生の演習で「日本官僚論」で組んでいたこともあり、霞が関の役人になった教え子の仲人を引き受けた経験も少なくありませんでした。そうした披露宴の席で、上司に当たるある省の局長が祝辞で興味深い話をしました。

私がまだ、若い頃、担当の仕事の処理で困ることが起きたので、上司の課長に、「どうしたらいいでしょうか」と尋ねました。そうしましたら、その時の課長から、逆に、「君は大役人になりたいか」と質問されました。何を言われているのか分かりませんでしたが、「大役人になりたいか」と訊かれているのだから「なりたいです」と答える以外にない。そうでなければ「小役人」になってしまう。「はい、なりたいです」と答えると、課長は「それならば、大役人になりなさい」というのです。仕事上の困っていることをどうしたらよいか助言を求めているのに、「大役人になりなさい」では、禅問答でしょう。そこで、「大役人とはどういう人ですか」と訊いてみたら、課長は「君は、大役人とはどういう人間のことかも分からずに、わが省に入ってきたのか。大役人とは、君、大局観に立って、物事を処理できる人間だよ」というのです。この課長の言葉を忘れずに仕事をしてきました。どうか、新郎は大役人になってください。

この局長の祝辞は、受け取り方によっては、「自分は、この課長の教えを忘れずに大役人を目指して仕事をしてきたので局長になれた」と自慢しているようにも思えますが、若かりし頃の体験談を述べることで率直に若い部下を励ましたのだと思います。この「大役人」の勧めがいいですね。「大役人」とは大局観に立ってものごとを処理する能力の持ち主です。大局とは「時と所の関係性」のことです。「時と所の関係性」とは地域のことではないですか。私は、この局長の話を聞きながら、大役人は自治体にも必要だと考えました。

管理職でも一般の職員でも、与えられた仕事の枠組みに閉じこもり、事務処理の都合を地域のつながりや住民の都合に優先するような職員のことを「小役人」というのでしょう。自分たちの存在理由が地域にこそあることを軽視しているからです。もし「大役人」が大局観に立って仕事を考えることのできる職員であるとすれば、そして、大局観とは「時と所の関係性が判ること」であるとすれば、自治体に不可欠な職員はまぎれもなく「大役人」なのです。いかに職員の善意と熱意に発しても、「時と所の関係性」を無視した自治体の施策は地域を劣化に追い込む可能性が高いのです。

5通りあるジンザイ

もう1つは、1991（平成3）年の第5回自治体学会・北海道帯広大会（「北で語ろう七つの元気」）が終わった後、十勝ワインの池田町に80人ほどの職員が繰り込んでいったときのことです。バーベキューの懇親会の前に池田町の地域づくりをめぐるミニシンポが行われました。演台には、当時の池田町の助役の大石和也《おおいしかずや》さんと司会の私が座り、会場には池田町の課長さんたちもおられました。ひとしきり議論が進んだ段階で会場から大石さんに質問が出ました。質問の主は、自治体学会の名物職員、埼玉県与野市（現・さいたま市）の田中義政《たなかよしまさ》さんでした。

「自分の役所を見ても、他の自治体にいっても、ジンザイには5通りあると思うが、会場におられる池田町の課長さんたちは、いずれに当たるか、お答えいただきたい。5通りとは、現に輝いてよい仕事をしている『人財』、磨けば光り能力を発揮する『人材』、ただ居るだけの『人在』、居ながら罪をつくっている『人罪』、住民に災いをもたらし地域を劣化させる『人災』です。大部分の職員は『人在』であるというのが私の観察ですが、どうですか」と。

この質問に大石さんが答えようとする素振りを示しましたので、私は、即座に、この議論は懇親会の席でしましょう、と打ち切ってしまいました。これは司会者越権に近いのですが、私の心配は、目の前にいる池田町の課長たちについて、大石さんは正直にどのジンザイに当たるか言うのではないかと思ったからです。池田町は、町職員が無投票で町長になっていました。大石さんは予定される次期町長と目されていました。仮に選挙になれば、課長の影響力は無視できません。大事な時期に、この質問に挑発されない方がいいのでは、と思ったのです。懇親会の席で大石さんに聞いてみました。「大石さん、池田町の課長は『人財』と『人材』しかいませんというつもりでしたか」と。「いや、『人在』もいるというつもりでした」というのです。「町長選挙の前ですよ、それはまずいのではないですか」「わしゃ、嘘は言えない。小さい役場では、人財と人材が2、3人いれば御の字ですよ」というのです。

図表　5通りある“ジンザイ”

人　財	現に輝いていてよい仕事をしている、自治体にとって財宝・財産である職員
人　材	意欲を持ち周囲からも激励されて能力を発揮しはじめている職員。
人　在	ただいるだけの職員。大多数。
人　罪	いながらにして罪を作っている職員
人　災	人々の暮らしや地域を劣化させるような職員

5通りのジンザイについては、田中義政さんの著書『輝け！　さだめなき自治の中で』（公人社、1993年、29～30頁）を参照してください。このジンザイ論は、やや言葉遊びのきらいがあるのですが、自治体職員の実像をうかがわせる真実味もあるように思います。いろいろな自治体を訪れてみて、このひとは「人財」・「人材」だと思える職員は、間違いなく「大役人」なのです。ちなみに、自治体の中には、人材育成基本方針で「人財」を使っているところ（例えば、東京の三鷹市では「人財育成基本方針」としています）もあり、ジンザイ論を言葉遊びに過ぎないと言ってしまうのはもったいない気がします。

辞書に載っているジンザイは「人材」のみで、人材の材は材料（マテリアル）の材ですが、人間を材料扱いするのは不適切ではないでしょうか。感情を持ち、経験と訓練によって成長し得るのですから、貴重な財産（ヒューマン・リソース）と考え、ジンザイは「人財」と表記するほうがよいように思います。

Ⅴ　行政の運営と職員の働き方

日々、自治体職員が仕事をする職場の環境はさまざまな要因によって影響を受け、それに応じて、職員は働き方を考え、変えていかなければなりません。職場環境の変容と職員の課題についてまとめておきたいと思います。

1　職場環境の変化と職員の適応

地方行革の波

この20年間は、自治体にとって「分権改革」の時代であると同時に「行政改革（地方行革）の時代」でもあったといってよいと思います。同じ改革の表現でも、分権改革は、分権という観点で国と地方の関係を変えること（事務権限の移譲と関与の廃止・縮減）ですが、行政改革は、行政を改革することであることは確かですが、字面からは、どういう観点から行政のどういう側面を変えるのかが直ちには明らかでないのです。

住民にとって行革といえば、無駄を省き、経費を節減して、良質のサービスを行うことでしょう。当たり前ということになります。自治体の職員がきびきびとした仕事を通じて過不足ない行政サービスを提供することでしょう。それが、そう簡単には実現しないため、行革の声が絶えないとも言えます。

一定の行政需要を満たすためには、資金、人員、器材、施設、技術、情報、時間などの資源（リソース）が必要です。これらは行政目的の達成を可能にする手段であり、これらを総称して「行政資源」と呼ぶことができます。役所が使い得る行政資源は限られており、行政需要の変化は、行政需要を満たすために充当される有限な行政資源の調達、配分・組み合わせの点検と選択を促さずにはおきません。逆に、行政資源の逼《ひっ》迫は行政需要の見直しを促さずにはおかないのです。行政管理とは、広義では、行政需要と行政資源の再調節のことだといえます。

高度経済成長の終焉は、行政資源の逼迫を浮き彫りにし、その調達、配分・組み合わせの点検と対処が行革のうねりとなって表出し、恒常化したといえます。

首長と行革

一般に、行革は新しい首長が登場したときに進めやすいといえます。前任者との違いを明確にするためには、前任者のやり方を批判し「刷新」「改革」を訴えるのが効果的であるからです。それには、前任者が手を付けなかった施策や執行体制の積極的な推進だけではなく、前任者の施策の変更・廃止などを打ち出す必要があるのです。その恰好のスローガンが行革です。

政治家としての首長にとって、行革には、この両面があるのです。しかも、前任者の否定を含意する変更・廃止は、首長就任からできるだけ短期間に実行しなければなりません。日数が経っても行革を強調すれば、それは自己批判につながりかねないからです。素早く行革を断行して、新たな執行体制を築かなければならない。そこで、例えば、民間人・住民が参加する行革の調査会や審議会などが設置され、従前の行政体制の見直し・改革が推進されるわけです。

首長選挙における変化の一つは、「マニフェスト」の導入でした。国政選挙で「マニフェスト」が掲げられて選挙戦が戦われたのは２００３（平成15）年の総選挙が初めてですが、その頃から首長選挙でも使われるようになりました。それまでの首長選挙では圧倒的といってよいほど現職が有利だったのですが、むしろ現職が改革の標的とされるようになりました。

ところで、公選職の首長には4年の任期がありますが、定年まで勤める職員にとっては、誰が首長になろうが、その首長を補助することが基本任務です。しかし、前任の首長を批判して登場してきた首長による行革断行は、一面では、実際の行政を担ってきた自分たちへの批判でもありますから、職員の内心は複雑です。新たな行革の推進に、しばしば新たな人事が伴い、行革推進の内部組織が設置される理由です。

行革の制度化

そこから起こる軋轢を緩和するやり方の一つは、行革の制度化なのです。一定期間持続する行革計画を策定し、その着実な実行を庁内体制に組み込んでしまうことです。

ただし、そうすると、選挙で約束した新たな施策や執行体制も行革の対象にせざるを得なくなりますから、毎年の予算編成で、一方で新たな支出を伴う新規施策が打ち出され、他方で予算に組み込まれた新規施策も次々と見直しの対象にするという現象が起こります。

議会への説明も必要です。それでも行革推進が唱導されるのは、単なる首長の姿勢の問題ではなく、その自治体の財政状況、さらには国や世論の動向などが作用しているからです。首長としては不断に行革に取り組むのが当然ということになりました。国からの指導や働きかけもあり、ほとんどの自治体が実施してきた行革の内容は、経費・人員の削減、事務事業の見直し、組織・機構の統廃合、外部委託といった整理・削減型の改革でした。

地方行革の影響は少なくなく、とりわけ、一般行政部門での大幅な定員削減に伴い、新規採用の見送りによる年齢構成の偏り、職員１人当たりの業務負担増による士気の低下等、現場では問題・懸念も出てきました。

「公務員をやめたい」

２０１１（平成23）年10月に全日本自治団体労働組合・自治研作業委員会が実施した「自治体職員の役割・働き方に関するアンケート」調査結果（「分権時代における自治体職員の働き方」）によれば、行革による定員削減や民営化・民間化などの職場環境の変化が職員に影響を及ぼし、例えば人員が減少し、一人ひとりの仕事量が増え、仕事量が特定の人に偏る傾向があると感じる職員ほど、入庁時に比べ、仕事に対する意欲は低下し、公務員をやめたいと思う傾向にあることが認められたといいます。

有効回答数（２,７２１）のうち、公務員を「現在やめたいと思っている」は17・9％（４８３）、「かつてそう思ったことはあるが、今はそう思っていない」が36・7％（９８７）で、やめたいと思った理由を複数回答で尋ねた結果は、「仕事がつまらない（やりがいがない）」が最も多く、次いで「能力・適性に合っていない」「人間関係がよくない」が続いていました。与えられた業務を決まったやり方で処理するだけならば「仕事がつまらない」かもしれない。所属場所と分担している仕事が適材適所でなければ「しっくり感」は持ちにくいでしょうし、明るく、さわやかで、激励的な職場でなければ、気が滅入って登庁したくないと思うかもしれません。職員を見る住民やマスコミの眼が厳しくなっている中で、自治体職員が誇りを持って仕事を続けていくための方策が求められているといえます。

２　能率的行政の確保と「ワークプレイス改革」

能率の確保

自治法の第１条に、「地方公共団体における民主的にして能率的な行政の確保を図る」という文言が出てきます。これは一般的な規定ですが、自治体には能率的な行政の確保が要請されているといえます。この「能率」は、行政需要を満たすための行政資源の使い方に関係しています。

能率は、行政資源の一定の投入によって実現した一定の便益（効果）の比率で表されます。今10の投入資源によって10の便益が得られたとすれば、能率は1です。分子と分母は異質のもので、割れないのですが、強引に割るのです。投入資源は、予算・人手・資材・時間等ですから計算しやすいのですが、便益の方は、ある状態を前提にして資源投入前と資源投入後の変化をとらえようとするものですから計測は簡単ではありません。この変化の因果関係の確定も容易ではありません。しかし、能率を上げるには、達成する便益の量は変えずに、投入資源を減らすか（例えば10分の9）、投入資源は変えずに使い方を工夫して、より多くの便益を実現すれば（例えば11分の10）よいわけで、能率は1以上になります。この発想を、事務事業の評価や日常業務の改革に応用することになるのです。

「ワークプレイス改革」　総務省の「地方公共団体の職場における能率向上に関する研究会」の報告書（2012年3月）は、明確なビジョンに基づく成果指向の効率的な行政運営の重要性を強調し、その新たな行政運営スタイルの具体化として自治体職員のワークスタイルに着目しました。それは、一人ひとりがモチベーションを高め、質の高い仕事のできるワークスタイルのあり方を探求するというもので、ＩＣＴによる業務効率化と適正な職員配置、能力・実績主義に基づく人事管理、ワークライフバランスの実現などの必要性を指摘しています。職場におけるムダな紙・ムダな机・ムダな執務スペース・ムダな残業をなくし、会議のムダ・照会業務のムダ・定型業務のムダ・窓口業務のムダ・文書管理のムダ・現金取扱いのムダをなくすことも提案しています。投入資源の縮減です。これは「ワークプレイス改革」という新たな視点での行革ともいえます。職員数が減り、仕事が増えれば、「ワークプレイス改革」は不可避になるのかもしれません。

3　メンタルヘルス不調職員の問題

メンタルヘルス不調者の増加

最近の自治体の職場で心配になるのは、長期病休者のうち、「精神及び行動の障害」を理由に休職する職員の割合が増加傾向にあることです。

自治体の総職員数は、１９９４（平成6）年をピークに１９９５（平成7）年から連続して減少し続け、２０１１（平成23）年４月１日現在では対１９９４年比では約15％も減少しています。そうした中で、長期病休者の割合は増加を続け、２０１１年度には総職員数から見た割合が2、３９８・４（職員10万人当たりの率）であり、高止まり状態になっています（財団法人地方公務員安全衛生推進協会「地方公務員健康状況等の現状」平成24年11月）。２０１１年度の「精神及び行動の障害」を理由とする休職者は、長期病休者の49・０％を占め、その他の理由によるものが横ばいまたは減少傾向にあるのに対して、上昇を続けているのです。

職場復帰支援プログラムの必要

このように職務による心理的負荷を原因とするメンタルヘルス不調者が増加している事態にどう対処するかは、職場と職員にとっては切実な問題です。自治体職員はタフでなければ困るというだけでは問題は解決しません。日頃から、住民との対応、業務量の増大、新規業務の追加など、職員に心理的負荷がかかることは少なくないのです。職務の割り当ての見直し、配慮の行き届いた指導が必要です。ひとたび、メンタルヘルス不調で休職し、復帰することになっても、体系的な職場復帰支援プログラムが用意されていないと、復帰後の再発率が高いことが分かっています。本格的な対応策が必要です。

4　昇任管理の基礎が崩れる？

「管理職になりたくない」

これまで、職員の昇任管理は、上司と部下という上下関係の組織の中で働いている職員は、管理職に昇任したいと思っているはずである、ということを前提にしてきました。私もそう思ってきました。しかし、どうも、これに異変が起こっている様子なのです。

典型的には、係長昇任試験を行って自治体（例えば、東京特別区）では、受験率が低下し、ポストが埋められない事態が起こっているというのです。昇任試験制度を採用している自治体では、係長に昇任しなければ課長職に昇任できません。現職のままでいい、管理職の仕事に魅力を感じない、管理職に自信がない、というのです。これは、ポストにこだわらず仕事のやりがいを求める職員が増えたとも言えるかもしれませんが、管理職になることへの意欲や自信を失っている職員の姿も浮かび上がってきます。

自治体の多くは財政状況が厳しく、管理監督職の仕事の量は確実に増えています。住民が納得する成果を上げることを求められ、期待される管理能力発揮のレベルも上がったのかもしれません。気苦労の多い議会対応にも当たらなければならない。さらに担当している施策で事が起これば批判の矢面に立たされ、部下に問題があれば責任を取らされることになります。精神的なストレスも大きい。それにもかかわらず、係長や課長になっても給与が大幅に増えるわけではない。新たな人事評価を活かして、役割・責任に応じたメリハリのある給与制度に変える必要もあるかもしれません。

優れた管理職は必要

それでも、と言いたいのです。管理職になることは、自治体職員になろうとした初心の志を実現する機会を手にすることでもあるのです。管理職として自分の課の先頭に立って、新たな政策を展開していく可能性が開けるのです。現在の地位と仕事で満足だと考えているということは、その可能性を自ら捨てようということにもなりかねません。どんな組織でも、優れた管理職を欠いては、質の高いパフォーマンスは実現できないのです。

5　正規・非正規複合体

臨時的任用職員の増加

　このところ、自治体の職場で問題視されているのは、非常勤職員・臨時職員・パート職員（臨時的任用職員）の増加です。職員団体の用語では非正規公務員の増加です。全日本自治団体労働組合（自治労）の調査によれば、２０１２（平成24）年時点で全国の自治体の非正規公務員はおよそ70万人に達し、職員全体に占める非正規の割合は３割を超えるといいます。財政がより厳しい小規模な自治体では非正規公務員が職員の半数を超えるところもあるといいます。このように非正規の公務員が増加した背景には、公務員定数の削減、財政悪化に伴う歳出削減があると指摘されています。

　臨時的任用職員の採用は、登録者募集・選考（面接または書類審査）・雇用予定者の決定という手順で行われています。いくつかの自治体の実際の登録者募集での職種を見ますと、次のように実に多くの分野にわたっています。

　保育士、児童館・子育て支援指導員、家庭児童相談員、障害者地域活動支援センター指導員、栄養士、保健師、学芸員、図書館司書、幼稚園講師、教員補助員、養護教諭補助員、管理栄養士、看護師、准看護師、理学療法士、作業療法士、臨床検査技師、診療放射線技師、言語聴覚士、介護福

祉士、メディカルクラーク、手話通訳相談員、運転業務員、納税嘱託員（未納税金、使用料等の集金業務）、消費生活相談員、レセプト点検員（診療報酬明細書の内容確認作業）、調理員、看護助手、介護員（看護師等の補助業務）、医療事務員、医療クラーク（医師看護師の事務作業補助）、事務補助員（一般行政事務）、業務補助員（施設の清掃）、男女共同参画支援員（ＤＶ対策啓発事業に関する業務、男女共同参画に関する業務）、保育士補助員、児童館・子育て支援準指導員、社会教育指導員（小学校及び中学校への支援活動業務の調整事務）

雇用期間は、非常勤職員（一般職）は、１年以内、臨時職員は原則として６か月以内（最長１年間）、パート職員は１年以内とされ、勤務日は毎週月曜日から金曜日までの５日間を基本とし、職種により土日勤務がある場合もありとなっています。勤務時間は、非常勤職員（一般職）は週33時間45分、１日７時間45分以内、臨時職員は週38時間45分、１日７時間45分以内、パート職員は週29時間

図表　臨時的任用職員の雇用期間、勤務時間、賃金・報酬額

	雇用期間	勤務時間	賃金・報酬額
非常勤職員（一般職）	１年以内	週 33 時間 45 分 １日７時間 45 分以内	月額
臨時職員	原則６か月以内（最長１年間）	週 38 時間 45 分 １日７時間 45 分以内	日額
パート職員	１年以内とされ、勤務日は毎週月曜日から金曜日までの５日間を基本とし、職種により土日勤務がある場合もあり	週 29 時間以内 １日７時間 45 分以内	時間給

以内、1日7時間45分以内になっており、職種ごとの1日当たりの勤務時間が定まっています。賃金・報酬額は、非常勤職員（一般職）は月額、臨時職員は日額、パート職員は時間給となっており、職種別に定まっています。

先の自治労調査によると、学童指導員で92・8％、消費生活相談員86・3％、図書館職員67・8％、学校給食関係職員64・1％、保育士52・9％というように、子育てや消費者問題を扱う職種で非正規化が5割を超えていました。しかも、非常勤の嘱託職員がケースワーカーとして生活保護の窓口で勤務している場合もあります。

賃金の低さと身分の不安定さ

地方公務員法によって、臨時・非常勤職員は、緊急の場合や臨時の仕事があった場合、最長6か月任期の契約で働くことができると定められています。規則通り1回のみの更新により1年で雇い止めになることもありますが、多くは職場に不可欠な人材として、6か月契約の更新を繰り返す不安定な状態で働いている場合が少なくないのです。正規職員と同等に働いている人も少なくないのですが、給料が安いうえ、昇級や臨時手当なども期待できない場合がほとんどです。

自治体の職場が、臨時的任用職員なしには成り立たないとすれば、職員構成でいえば、既に「正規・非正規複合体」になっていると言えます。臨時的任用職員の問題は、その賃金の低さと身分の不安定さに集約されます。しかも、非正規職員が正規職員に向けるまなざしは憎悪ないし憎しみであるという話を聞きますと、何とか改善していかなければならないと思います。この問題については、上林陽治《かんばやしようじ》『非正規公務員』（日本評論社、２０１２年）が参考になります。

6　行政民間複合体

直営主義の衰退

自治体職員も、職業人として、一定の仕事をしているという点で、公務のプロといえます。プロと対比されるのはアマチュアですが、プロとアマの違いはどこになるのか。言うまでもなく、プロは、ある仕事ないし活動を、アマに比べて、上手に、手早く、安くできる点にあります。プロであるにもかかわらず、下手で、のろのろしていて、高くつくのでは、プロとは言えないでしょう。

実は、「自治体の行政は正規の職員が直接行うべきである」という考え方は、プロがプロであるが故に成り立つ論理です。もし、住民から見て、仕事の処理が下手で、時間がかかり、コスト高であるならば、直営でやってもらう意義は薄れてしまいます。民間委託の進展は、この直営主義の衰退が背景にあると言えます。

もちろん、民間委託の進展は、これだけに起因しているのではありません。契約の活用によって行政の一部を民間企業等に行わせる方式そのものは特に新しいわけではないのです。公共施設の建築とか道路の新設・補修などでは民間に委託しなければ実施不可能です。しかし、それまで正規職員が行ってきた事務事業の実施を民間企業等に委ねることによって直営を民間委託に変えていく、あるいは最初から民間委託で行うといったケースが増えたのは、民間委託のメリットが明らかになったからです。

民間委託の進展

民間委託ですぐ思い浮かぶのは、庁舎清掃、警備、ごみの収集・運搬、学校給食、各種調査ですが、既に驚くほど多種多様に行われています。一般に直営でなければ足らないといわれている課税、納税事務についても、賦課・評価・決定といったことはもちろん行政が行いますが、課税計算、台帳作成、土地・家屋現況調査、納税通知書の印刷などの重要な部分が民間委託で行われています。こういう事態の進展を、私は「行政民間複合体」と呼びました。

東京・足立区の取組

このところ、行政改革に取り組む多くの自治体では、単純定型業務や技能系業務のアウトソーシングを中心とした従来手法では限界があるのではないかという見方が出てきました。先頭を走っているのは東京の足立区です。２０１２（平成24）年７月に「日本公共サービス研究会」を設立し、これまで自治体が独占してきた業務のうち一定の専門性を必要とするものの、定型的な処理を繰り返す「専門定型業務」の外部化を図るため、新たなプラットフォームとして「日本公共サービス」の構築をめざしています。

　これまでの研究活動によって、非常勤職員等の登用によって、既に人件費を大幅に抑制している業務では、外部化してもコストメリットが低いため、職員の教育訓練費の削減効果、サービス水準の向上など、コストメリット以外の効用を含めた総合的な判断が必要になっているといいます。反対に、正規職員を使っている業務では人員削減効果は大きく、コストメリットが高いといいます。また、業務委託では発注者（自治体）が請負事業者の個々の労働者に直接、指揮命令できないため、事業者側に管理責任者を置く必要がありますが、小規模な自治体の場合、この管理責任者の人件費が過大になってコストメリットを発揮できない場合があるのです。こうした問題を解決するには、委託範囲を複数の業務に拡大する、あるいは、複数の自治体が共同して委託するなどの方法が考えられるというのです。

　また、外部化の対象となる業務を、その業務のシステム開発ないし運用を請け負うシステムベンダーに委託すれば、偽装請負リスクを回避できるといいます。何より、専門定型業務のほとんどがコンピュータによってシステム化されており、これを手掛かりに外部化の対象範囲を一気に拡大することも可能であるというのです（定野《さだの》司《つかさ》（東京都足立区総務部部長）「民間にできないことをできるようにする」（『国際文化研修』２０１３夏、ｖｏｌ・80）を参照）。

戸籍、住民記録等に関する窓口業務の民間委託

足立区では、戸籍、住民記録等に関する窓口業務を、既に一定のスキルを持つ民間事業者に委託する方針を決め、２０１４（平成26）年４月に開始しました。先進事例として注目されていました。ところが、同年８月、戸籍住民課の業務の民間委託について東京労働局から違法な「偽装請負」に当たると是正指導されたことを受け、１日数百件の受付業務の半分近くを職員に戻すと発表しました。実施には、マニュアルにない事態が１日数十件程度起き、受託業者の富士ゼロックスシステムサービスのスタッフが区職員に直接指示を受けていることになり、労働局は、これは業務委託ではなく派遣労働に当たるとし、是正状況を報告するよう求めました。結局、区は住民票写しの本人による請求の受付など単純な業務は委託を続ける一方、区民への聞きとりが必要になりがちな転入・転出届の受付などに、他業務に回していた非常勤を含む職員32人のうち、２０１５（平成27）年４月までに７～10人を戸籍住民課に再配置することになりました。外部化の対象範囲を一気に拡大するには、いろいろと慎重な配慮が必要なようです。

７　ワークライフバランス

業務改善の必要

自治体職員は、職業人であるだけでなく、家庭人、地域人でもあります。職業人としてのあり方は、家庭人や地域人のあり方と関係しています。

職員の仕事の負担が増えている中、ワークライフバランスの実現が求められています。仕事と介護

や子育ての両立は言うほど簡単ではないといいます。介護や子育てに時間を割き得るためには、業務改善が不可欠です。こんな実例があります。

ある女性職員（Aさんとしましょう）が課長に昇任しました。彼女には家庭があり、夫も自治体職員ですが、どちらかと言えば、「男は仕事、女は家庭」という古いタイプの男性でした。少なくとも家事は妻の役割だと思い込んでいるタイプでした。夫の老親と同居でした。課長になったAさんは、一計を案じました。できるだけ、残業せずに帰宅するにはどうすればよいかと。彼女は、担当課の業務を総点検することにし、やらなくても済むもの、かける時間を少なくできるもの、分担を工夫すれば業務量を減らせるものなどを洗い出しました。そして、課の職員が、仕事に集中してきびきび働けば、通常は、午後5時前には仕事を終えることができることが分かったというのです。帰宅すれば夕飯の支度ができていることが当然と思っている男性課長では実行できなかった業務改善でした。

もっとも、このエピソードは、けなげで賢い女性課長の話ですから、仕事とそれ以外の生活の切り分けのあり方として考える必要があります。

大部屋執務と女性職員

自治体職員として、きちんと任務を遂行するという点では、男性、女性の区別はないのです。あり得べきは一つ、自治体職員のあり方です。しかし、現実には、女性である職員には、女性であるがゆえの苦労があります。

仮に夫のこと家庭のことを優先せざるを得ない女性職員でも、他方で自分の職場へも気を遣わなければならないのです。というのは、課・係といった単位組織のメンバーとしての仕事を分担し、同僚と協力しながら単位組織の任務を円滑に遂行しなければならない職場では、出産で休むとか家族に病人が出て休むとか子供のことで休むということになれば、その休みが一時的でなく、かなりの期間にわたり、間欠的でもかなり頻繁になれば、そして、休み中の仕事を肩代わりしてくれる人員の補充がなければ、どうしても他の職員がその分だけ仕事を増やしてカバーしなければならないからです。

小中学校の先生の場合のように、休み中の授業を受け持ってくれる代替教員の制度のようなやり方は、一般の行政の職場ではほとんどとられていません。産休のように相当の長期になれば、しかもその係の任務遂行上、補充が不可欠と人事当局に判断されなければ、代役を務める新しい職員の配置はないのです。たとえ代役の職員がきても、すぐ休みをとった職員と同じように仕事ができるとは限りません。どうしても職場の同僚に何がしかの負担がかかるのです。

その場合でも、上司を含めて職場の同僚が理解し、快く仕事を分担してくれるならばほっとできますが、いつもそうなるとはいえないのです。産休に入る女性職員は、たとえ産休が権利であることが分かっていても、自分が休むことによって同僚に迷惑をかけることを悩むのです。そう考える女性職員ほど、健康が許せば、権利としての産休期間をできるだけ縮めて、少しでも同僚へ新たな負担が加わることを避けようとするでしょう。もし妊娠したことを職場に告げて、その職場が当の女性職員を陰に陽に迷惑視すれば、職場を気遣う女性職員は何か自分が悪いことをしたような肩身の狭い思いをせざるを得ないのです。

産休は権利だから産前産後の法定期間を目一杯とらせてもらう、後のことは管理職が考えればよいとでも言わんばかりに堂々と休む女性職員がいれば、おそらく大部屋主義の職場はそうした職員を嫌う可能性があるのです。大部屋主義であるがゆえに、一方で仕事をカバーし合い助け合うことができますが、一所で仕事を分担する仕組みであるがゆえに同僚への配慮を欠いた言動・態度はひんしゅくを買いやすいのです。妊娠と出産を慶事として祝福する職場環境が必要なのです。

産休と違って長期にわたらない欠勤の場合にはなおさら同僚の理解と協力が必要であり、そのことを率直かつ誠実に話さない女性職員は身勝手、無責任と思われやすいといえます。例えば家に臥せがちの年寄りがいて、いつもは定時になれば直ちに帰宅する女性職員がいても、分担している仕事をきちんと果たしている限り、同僚は文句を言わないでしょう。しかし、例えば法令や基準の改正があり新たな対応と業務が発生する場合のように、単位組織の任務に関連して新しい状況が生まれているにもかかわらず、一時的な残業や土・日出勤が必要になっても家庭が大切ですから残業も土・日出勤も一切いやですということになれば、おそらく職場の同僚は怒るでしょう。皆が大変なのに身勝手だと。このように同僚からみて「非協力」であると思われた女性職員は常態に復帰した職場では孤立する可能性があるのです。そして、管理職はその様子に見かねて、あるいはそのような女性職員の非協調性をマイナスに評価して、次の人事異動でその職員を他の職場へ配転に出すかもしれません。まだまだ、女性職員の問題を検討しなければならない現実があるのです。

地域へ飛び出す職員

自治体職員が地域に出て行き、住民を巻き込んで地域づくりをすることが求められているといいます。自治体の中には地域担当制によって職員を地区にかかわらせているところもあります。これは仕事の一部ですが、仕事を離れて、「地域へ飛び出す」ことが奨励されています。地域と住民と直に接触する現場に出て、自治体の仕事に必要な感覚と対処方法を身に付けている必要があるのではないかという発想です。（２００８年10月に発足した「地域に飛び出す公務員ネットワーク」代表＝椎川忍《しいかわしのぶ》・総務省自治財政局長）。これは、すべての職員が地域・住民指向に徹した職員になろうという運動であるとも言えます。

こうした地域活動参加型の職員を側面支援しようとする「地域に飛び出す公務員を応援する首長連合」も発足しています（２０１１年3月）。職員自身が地域に飛び出し、地域の人びとと思いを共有し、住民目線で業務を見直すきっかけにもしようとすれば、職場において同僚・上司との感覚にズレを生じ、職場を離れるときに肩身の狭い思いをしたりすることがあるのです。首長自らも先頭に立って地域運動を展開するほか、有休休暇などを取得しやすい環境づくり、人事評価上での考慮などを検討して応援することはいいことです。

８　公平な行政運営

２つの「公」の字義

自治体職員のあり方には、いろいろな側面がありますが、自治行政の運営に関係するいくつかの点について述べておきたいと思います。

やや言葉談義になりますが、「公」の意味について考えておきたいと思います。「公」という漢字の旁《つくり》の意味から考えてみます。漢字の「公」は、ものごとを個別に細かく分け、回りから見えなくした様を表す「私」の旁の部分「厶」に、入り口を開けて包み隠さず明らかにすることを表す「八」を組み合わせた文字であるといいます。相対的に閉じている領域を開くことです。今日の言葉遣いでいえば、公表・公開の「公」といえます。

自治体では、国に先んじて、１９８２（昭和57）年に山形県金山町《かねやままち》が、翌１９８３（昭和58）年には神奈川県と埼玉県が情報公開条例を定めました。その後、多くの自治体が条例を制定し、情報公開は自治体行政の標準装備となりました。自治体が管理している情報を公表・提供するだけではなく、住民の請求に応じて、原則、開示することを義務付けました。もともと「公」の字義は忠実な行政運営の実現でした。

もう一つは、「私に背く。之れを公と謂ふ」とか「私に背いて公に向かうはこれ臣の道なり（聖徳太子の「十七条の憲法」第15条）」というように、「厶」は私を、「八」は背くことを表しています。今日の言葉遣いでいえば、公正・公平の「公」でしょうか。「私に背く」ということは、ある活動を行う時に、相手との関係で「私」を縛るということになりますから、「自律」という最も基本的な行動になります。それは、「私」の持っている趣味や好みを相手との関係では、ストレートに出さないということで、私達が普段使う言葉で言えば「公平」です。

公平なサービス

自治体行政の運用原則は「民主的かつ能率的」ですが、法文には出てきていない「公平」原則も大切です。同じ条件を持っている人には、同じ扱い、サービスをしなければならない。住民は、自分の個別実情に応じてくれる行政が温かい行政と考えやすのです。しかし、それは、依怙贔屓《えこひいき》の偏った行政でもあるのです。同じ条件を持っている人たちの扱いを均しく変えることはできますが、個別の人に個別の扱いができないのです。例えば保健・介護・福祉では、「パーソナル・サービス」を行うといいますが、それは、あくまでも一定のルールの下での扱いであり、依怙贔屓のことではありません。それを、もどかしいと感じる職員がいるかもしれませんが、「公務」には、

そのもどかしい公平さが求められているのです。

NPO法と行政サービス

自治体職員にとって、新たな公共活動の担い手の登場はどう映っているでしょうか。それは、1998（平成10）年3月に議員立法で成立した「特定非営利活動促進法（NPO法）」に基づく民間公共活動の台頭です。

この法律の制定運動を展開した民間活動団体の人たちは、市民活動促進法として欲しいと言っていましたが、当時、自由民主党がこれを認めませんでした。「庶民」はいいが、「市民」はだめだったそうです。ですから、主体のイメージを消した「特定非営利活動促進法」になりました。ところが、この法律の第1条に「ボランティア活動をはじめとする市民が行う自由な社会貢献活動としての特定非営利活動」というように「市民」が登場しているのです。わが国で、初めて「市民」という言葉が入った法律が、実はNPO法なのです。ちなみに、「市民農園整備促進法」という法律がありますが、ここでの「市民」は、「主として都市の住民のレクリエーション等の用に供するための市民農園の整備」というように、「都市の住民」という散文的な人びとを指しているだけです。

NPO法に基づき法人格を取得した団体は、実にさまざまな活動を展開することができます。NPOというのは民間機関ですが、営利活動をやってもいいのです。ただし、その収益を、NPOの職員の給料で分けてはいけないだけなのです。NPOはどういう活動ができるかというと、市町村がやっ

図表　特定非営利活動促進法別表

別表

一　保健、医療又は福祉の増進を図る活動
二　社会教育の推進を図る活動
三　まちづくりの推進を図る活動
四　観光の振興を図る活動
五　農山漁村又は中山間地域の振興を図る活動
六　学術、文化、芸術又はスポーツの振興を図る活動
七　環境の保全を図る活動
八　災害救援活動
九　地域安全活動
十　人権の擁護又は平和の推進を図る活動
十一　国際協力の活動
十二　男女共同参画社会の形成の促進を図る活動
十三　子どもの健全育成を図る活動
十四　情報化社会の発展を図る活動
十五　科学技術の振興を図る活動
十六　経済活動の活性化を図る活動
十七　職業能力の開発又は雇用機会の拡充を支援する活動
十八　消費者の保護を図る活動
十九　前各号に掲げる活動を行う団体の運営又は活動に関する連絡、助言又は援助の活動
二十　前各号に掲げる活動に準ずる活動として都道府県又は指定都市の条例で定める活動

ている活動はすべてできる。それ以上かも知れません。

この法律の別表を見ますと、前頁の図表に掲げる活動が列挙されています。これらは、ほとんど市町村がやっている活動とダブっているでしょう。これは、不特定多数の住民に対するサービスで、したがって公共サービスで、それを民間でもやっても全然構わないことを法律で根拠付けているという意味です。

問題は自己資金の調達にあるのですが、もし、私たちが、自分の財布から、税金を納めて行政によるサービスを受けるか、それとも民間団体に寄附をして、その民間団体から公共サービスを受けるか、を選択できるとしたら、どちらを選ぶでしょうか。自治体職員は、自信を持って自分たちの活動を選んでくれるはずであると言い切ることができるでしょうか。NPOの登場は、ある意味で、自治体行政のライバルが現れているということです。

9　ローカル・ガバナンスと協働の重視

新しい公共空間の形成　第27次地方制度調査会は、2003（平成15）年11月に出した「今後の地方自治制度のあり方に関する答申」の中で、「基礎的自治体の体制の構築にとって、もう一つの重要な視点は、地域における住民サービスを担うのは、行政のみではないということであり、分権時代の基礎的自治体においては住民や、重要なパートナーとしてのコミュニティ組織、NPOその他民間セクターとも協働し、相互に連携して新しい公共空間を形成していくことを目指すべきである。」と指摘しました。「地域における住民サービスを担うのは、行政のみではない。行政と民間セクターが協働し、相互に連携して『新しい公共空間』を形成していく」と言っています。

既に述べましたように、自治法が求めている自治体行政の運営の原則は「民主的」と「能率的」です。「民主的」は、一般に、情報公開と住民参加の徹底によって進められてきましたし、「能率的」は、事務事業の評価や職員定数の適正化という形で進められてきています。実は、これらのことは、自治体の振る舞い方、すなわちローカル・ガバナンスの変化であるといえるのです。民間委託の促進や指定管理者制度の導入は「契約による行政」の拡大ですが、これもガバナンスの変化です。自治体が財政再建団体におちいるのは、自治体の振る舞い方に重大な問題が生じたことになります。ガバメントの原義である「舵取り」に失敗したからです。

新たに登場した「協働」

ローカル・ガバナンスには、地域社会を構成する様々な活動主体の間の関係とそれぞれの振る舞い方も含まれています。このところ、全国の自治体で「協働」の推進が強調されていますが、その重要な根拠となっているのは、公共サービスを担うのは行政のみではない、営利・非営利の民間もまた公共サービスの担い手になり得るし、現に担っている、しかも、公共サービスは行政と民間が対等な協力関係によって提供できるのだ、という考え方だと思います。「協働」はローカル・ガバナンスの新たな局面といえます。

ここでは、自治体=地方政府の存在と活動は、多様な活動主体の一つということになり、その限り、相対化されています。「お上」ではありません。少し前までは、国語の辞書には、「協働」という漢字は載っていませんでした。キョウドウといえば、共同か、協同でした。それらに「協働」が加わりました。

協働というのは、活動する人が複数いて、しかし1つの組織の中に入っていないで、それぞれが対等であることを前提にして、何か共通のことを、それぞれの立場は守りながら協力してやり遂げよう、そういうイメージなのです。だから、どちらかというと人を横につなげながら全体を動かすというやり方です。

ところが、自治体の職員は縦の秩序に習熟していますから、横で結び合うなんてことをあまり考えたことがありません。特に内部管理をやっている人たちにこの発想はありません。よく承知しているのは縦に結び付くやり方なのです。職員としては、上司の指示どおりやればいいといわれる方が楽です。横に人がつながって大きなことが成し得るかどうか、ほとんど試されていないのです。

協働の意味

「協働」というのは、英語表記がcollaboration（コラボレーション）であることから明白であるように、例えば「住民と自治体が共通の目的を実現するため、それぞれの役割と責任の下で、相互の立場を尊重し、対等な関係に立って協力すること」だと定義することができます。しかし、この対等者間の協力は言うほど容易ではないのです。協力を組む各活動主体が、相互の立場を尊重し、それぞれの役割と責任の下で、共通の目的を実現するように振る舞うようになっていなければならないからです。横の結び付く関係の意義と困難さについての認識が不可欠です。

自治体行政の基本任務は、直接公選の首長と議会によって決定された政策を、限られた資源を最大限有効に活用して実施し、地域のニーズに応えることです。現実には財源と人手の制約、公平さの確保や法令順守などから、地域のすべてのニーズに応えることは困難です。ときには、行政組織の硬直性や職員の未熟さ（注意不足・固定観念・怠慢など）のゆえに地域のニーズを捉え損なうこともあるかもしれません。しかし、こうした問題ならば、情報公開と住民参加の徹底によって相当程度カバーできるでしょうし、政策の展開で示す自治体の誠意と努力によって、仮に住民の満足は得られないにしても、住民の理解と納得を確保できるかもしれません。その意味では、納得の行政こそが求められているといえるのです。

一方、行政と民間の「協働」はローカル・ガバナンスの新たな挑戦であるといえます。協働は、住民を行政活動の一環に組み込むことではありません。しばしば、「協働」は相当にあいまいな内容になりやすいのですが、それでも、「協働」を多くの自治体が言い出したのには理由がありそうです。協働は自治体職員にどういう意識と振る舞い方を要請しているのでしょうか。

「横」の熟語はみな悪い意味

国語の辞書で「横」が付く熟語を調べてください。ほとんどが悪い意味です。横行する、横道に逸れる、横柄、横暴、横取り、横着、張れば横意地、横車を押す、人知れず変な死に方すると横死といい、人の恋路を邪魔することを横恋慕という。「横」はほとんど悪いのです。横並びだってあまりいい意味ではない。「横」はプラスに評価されず、奨励もされていないのです。

歴史を振り返れば、江戸の幕末期、草々の武士たちが密かに藩の外へ出て密談を行い始めたことに無能に近かった江戸幕府でさえ危機感を強め、「横議横行の禁」を出しました。草々の武士たちは、命を懸けて、この禁令を破り、新しい時代を切り拓いたのです。

「縦」はどうか。世間で縦の関係といえば、自分から見て、相手との身分（上下）関係によって自分のとるべき態度や行動の仕方が左右されるものと意識される対人関係のことです。一般に組織体の内部は縦の職位編成となっており、組織人はこれに慣れています。縦でも負のイメージはあります。典型は「縦割り」で、組織の内で上下関係だけで物事が動き、横の連絡がとれていないことをいい、国でも自治体でも縦割行政の弊害が問題にされています。しかし、横のような負の用法はほとんど見当たらないのです。

どうして協働なのか

それなのに、どうして最近「協働」と言い始めたのでしょうか。それは縦の秩序が強過ぎると人びとの意欲や能力が十分発揮できないということを分かり始めているからではないでしょうか。社会全体がそのことによって閉塞し始めているから、どこかでこれを打ち破っていきたいという思いが「協働」という言葉の流行に関係しているように思います。もっとも、役所にしてみれば、「協働」というと、住民が文句や要求ではなく協力してくれそうだ、一緒に汗を流してくれそうだ、行政としては助かるという期待も反映しているかもしれません。

実は、新たなローカル・ガバナンスとしての行政と民間の「協働」が難しいのは、行政組織の内部管理の基礎が上司・部下の縦の関係になっているからです。自治体の職員は、所属組織を指定する辞令をもらい、上司の命を受けて仕事をしています。職員は、この組織と上下の人事関係に習熟して日常の業務をこなしています。必要に応じ、上司の指示を仰いで、事に当たらなければならない。そうした振る舞い方を身に付けている職員が、いったい民間との「協働」に得心がいき、それを成功させることができるのでしょうか。協働が大切だからと、上司の命を受けずに、住民団体と協働事業に乗り出すことはできません。

住民・民間同士が志を共有し、常に相談・協議の場を持ちつつ、共同事業を展開することは十分あり得るし、特に近隣社会での互助・共助が安心で住みやすい地域の形成に大いに役立っていることはよく知られていますし、そうした地域活動を行政が支援することの意義は小さくないのです。しかし、そうした支援活動を超えて、住民・民間と行政が共同事業を組むのはそうたやすくないのです。事業展開に当たる役所の職員が、対等な立場にある住民・民間の当事者と相談・協議する上で、一定の裁量的判断ができなければ、「協働」は進みません。本格的に「協働」を進めようとするならば、役所組織の分権化が必要になるのではないでしょうか。そうしてまでも「協働」しようというのであれば、どういう具体的な事業活動のニーズがあるのかが問題になります。多くの自治体で「協働」を唱導している割には、具体例が少ないのは、縦の関係に習熟している役所が住民・民間と「協働」することが相当に難しいことを示唆していると言えないでしょうか。

協働で職員に求められているもの

それでも、もし「協働」に乗り出すのであれば、自治体の職員には何が求められることになるのでしょうか。まず、役所の権威に頼らず、事業にかける熱意と表現力と発想の豊かさが求められます。「協働」で事を組み、動かすには、相手への尊敬と評価が何より重要であるからです。えらぶり、威だけ高な職員が最も不向きです。

実は、この要素は、縦の役所の内部でも重要になっているはずです。なぜなら、上司と部下の関係でも、それぞれの地位にある職員に「権威」が生まれるのは、その職員に期待されている役割や振舞い方をしていると他の職員が認めたときだからです。ですから、固い縦の組織でも「みのるほど頭のさがる稲穂かな」が真実なのです。「協働」の収穫は、当事者同士の「誠実」と「資力」の持ち寄りによる、すがすがしい事業の達成にあります。そういう、しかるべき職員のみが「協働」の事業にふさわしいといえるのではないでしょうか。そうした人材の養成を人事システムの一部にすることができるでしょうか。

講義を終えるに当たって

10時間にわたって、自治体職員をめぐる諸問題について述べてきましたが、最後に、こうあってほしいという期待を込めて、5つほど述べて、締めくくりたいと思います。

自治体職員は「よき備品」であれ

自治体職員をどのように特色づけるかについては、さまざまな見方がありますが、私は、その一つとして「自治体職員備品論」ということを言ってきました。もとは、東京の三鷹市の職員であった江《え》口《ぐち》清三郎《せいざぶろう》さんの説です。4年任期の選挙で選ばれる首長や議会議員は、落選もありますから、物に例えれば、いわば「消耗品」といえます。これに対して、定年までずっといる職員は、備え付けとなっていますから「備品」といえます。よき備品の条件は3つです。手入れが行き届いていて、光沢があり、用途に応じて活用されていることです。手入れが不十分で、色合いがくすんできて、適所で十分に活用されなければ、備品の良さは発揮できないのです。死蔵になってしまいます。

この自治体職員備品論には思い出話しがあります。若い頃、ある民間機関で管理職の通信研修を手伝ったことがあります。自治体の課長は、一般に忙しく、なかなか職場を離れた研修に参加しにくい。そこで、テキストでの学習を行い、ある課題を出してレポートを提出してもらい、講師がコメントを付けて返すというプログラムでした。ある年、自治体職員備品について論じてもらう課題を出しました。受講者の課長から帰ってきたレポートはとても課長とは思えない内容であったため、書き直しを要請しました。書き直して送ってきたものもさして改善されていませんでした。しかも、添え書きに、仕事が忙しく論文作成の時間が取れないことと共に、「物に例えられる職員の気持ちが分かっているのだろうか」という批判ともとれる一文が書いてありました。

職員を備品に例えたのは、もちろん、職員を貶めるためではなく、むしろ、その重要性を強調するためでした。自治体職員が「備品」であるということは、個々人に、また職場組織には、たくさんの情報・知識・知恵・技法などが蓄えられていることですから、それらは自治体と住民にとって「財産」なのです。それが有効に活用されないことは大きな損失になるという意味です。備品に例えられるのが気に入らないと言われて、私は、それでは、広く人材のことを人的資本（ヒューマン・リソース）といいますから、首長・議員は「流動資本」で、職員は「固定資本」というのはどうかと返事を書いたのですが、反応はありませんでした。今でも、「自治体職員はよき備品たれ」と言っています。

住民から「納得」を得られる行政の担当者であれ

役所・役場とは、「住民に役立つところ」であるはずですが、その役所を住民は窓口の職員や第一線の職員の言動を通じて感じとります。聞きたいことがあって、役所に電話をすると、「もしもし」の語尾の音声を下げて暗い感じを与え、いかにも面倒くさそうに応答し、住民が役場に来ると「仕事がきた」と言わんばかりの顔をする職員がいれば、それによって役場は嫌なところとなってしまうのです。こういた職員は、単に接遇研修が足りないというだけではなく、住民との関係で公務というサービスが基本的にどのような意味をもっているかにまったく気付いていないと言わざるを得ません。

サービスは、物の生産の販売とは異なって、対人接触のなかで、サービスの受け手に対してその場で直接に満足や喜びを与える言動です。それは保存も蓄積もきかない。したがって、いわば取り返しがきかないのです。例えば、住民票の交付を申請に来た住民は、住民票という「物」が欲しいのですが、その取得の手続には窓口の職員とのやり取りが必要です。同じ住民票という「物」を、気持ちよく受け取れるか、それとも不愉快な思いをするかは、やり取りに出た職員の対応、つまりサービスの質によって左右されるのです。紹介、相談、参集、申請、要請、交渉などさまざまな局面に職員のサービス活動が介在しています。役所、それも市町村の仕事では、このような意味での対住民サービスがきわめて大切な活動となっているのです。このサービスの善し悪しで住民は役所が自分に身近な存在であるかどうかを判断します。

行政はサービス産業だ、といわれることがありますが、それは住民を一方的に楽にさせることではなく、同じことを行うならば、住民にさわやかで気持ちのよい感じを与えること、そのことにきめの細かい配慮を忘れないことを意味していると言えるのではないでしょうか。自治体の中には、住民の「満足」を高める行政がよき行政であると言っているところがありますが、私は、住民の「満足」ではなく「納得」を得られる行政こそを求めているのだと考えます。この納得を得られる行政を実現するためには、まず、すべての職員が、公金の使途を含め、その活動に関して事実を公表し、筋立てて説明できなければなりません。住民等から問われると、知識不足で、しどろもどろとなり、説明の体をなさないような知力未開発な職員を職場からなくすことです。

豊かな「知人システム」を築く職員であれ

タモリさんの司会のテレビ番組に「笑っていいとも！」がありました。毎回、ゲストを招いて、タモリさんと楽しい会話を行うのですが、そこでの出会いごとにタモリさんの「知人システム」は豊かになる仕掛けとなっていました。「いいとも！」のゲストは「友達の友達はみな友達だ、世界に広げよう友達の輪！」と歌っていたのです。

日本人が、他人という時に、二つの使い方があります。一つは「他人様」。もう一つは「赤の他人」

です。「他人様」の他人は、狭い世間を構成しています。この狭い世間には、競争相手がいるかもしれませんが、自分のことを理解してくれ、助けてくれる人がいますから、この世間を、無視して生きられないんです。この狭い世間が成り立つためには、遠慮や作法が必要です。作法を守らない人間は不遠慮な人ですから、秩序が保てなくなるので、狭い世間は、社会的な制裁を加えます。これに対し、広い世間ではどうなるかといいますと「赤の他人」どうしで構成しますから、心が通い合えないんです。従って、遠慮もいらなくなってしまいます。古くから日本の諺《ことわざ》で言いますと、「旅の恥はかき捨て」と言います。狭い世間ではニコニコしますけども、赤の他人どうしになりますと、にわかに不粋になります。

日本社会の人間関係は、気持ちが通じ遠慮が要らない「親子関係」を核にして、そのすぐ外に気持ちは通じるが遠慮がいる「近しい他人」がいるのです。「遠い親戚よりも近い他人」という場合の他人です。自分のことを知っていてくれ、必要な時には助けてくれる友人・知人です。その外に、気持ちの通じず遠慮も要らない「赤の他人」がいて、そのまた外に「外人」がいるのです。このモデルでは、他人であるのですが、どういう友人・知人がいるのかが、その人の人間関係の豊かさということになります。

ある人と友人・知人になるということは、その人の「知人システム」に入るチャンスが生まれるということです。このシステムを通じて得られる掛け値のない情報はとても役に立つのです。自治体職員も、できるだけ、いろいろな場に出かけ、いまではITを駆使して、たくさんの知人・友人をつくることは、単に仕事に役立つだけでなく、人生を彩り豊かにするためにも意義があるのではないでしょうか。

外に眼を向け、外へ出て学ぼうとしない自治体と職員は急速に時代遅れとなり、ついに自治体行政にとってマイナスになる可能性がありますので、自治体とその職員を横へ結ぶ知のネットワークを拡充することが重要です。

一昔前に比べれば「井の中の蛙」の自治体職員は少なくなったかもしれません。それでも、例えば、自治体学会などの全国的な研究集団、自治大学校、市町村アカデミーなどの研修機関へ、全国地域リーダー養成塾などの人材養成機関へ出かけてみれば、そこには、全国にどれほど学習意欲にあふれた職員がいるかを知ることができ、自己を高める機会となります。

かつて自治体職員が、制度や政策の調査・分析・構想に関し、研究し論文を書き、著作を公刊することなど考えられませんでした。しかし、今や、職員自身が地域と自治の研究者になろうとすることは別に不思議ではなくなりました。

こうして、外へ出かけていくことの最大のメリットは、職員同士の友達の輪が広がり、そのネットワークから新たな発想・問題解決策・制度構想のヒントを得られることです。自治体同士、自治体職員同士が学び合うことは自治体職員の政策的自立をより一層促していくことになると思います。

難題にこそ取り組む職員であれ

困難な問題に直面しても「だから、できない」とあきらめず、どうすればその問題を乗り越えることができるのかについて正面から取り組み、悪戦苦闘する職員と職場を目指してほしいものです。従来は、ともすれば、与えられた仕事を無難にこなす、面倒が予想される新たな取組は考えないようにすることが「賢い職員だ」と考える風潮がありました。その言い訳は、いくらでもあります。余計な仕事だ、前例がない、法令上無理だ、予算がつかない、議会や住民の反対が予想される等々。

自治体では、与えられた仕事をよりよく出来るという意味での有能さだけでなく、単位組織の内外の状況を的確に認識し、新たな政策課題を発見し、その解決策を考案することで「挑戦」する意欲と能力も重要です。それぞれの地域で分権型社会を築いていくには、課題挑戦型の職員を一人でも増やす必要があります。

自治体職員は、民間の職業人と比較して、定年まで勤められる点で、また、よほどでない限り免職がない点で、路頭に迷うことはありません。失業の心配がないのです。こうした意味で、自治体職員は安心して仕事ができます。逆に、この「安心」は「安住」に変質しやすいともいえます。安心を新たな政策形成や事務事業実施への挑戦と結び付けるような自覚と実績が求められる理由はあるのです。

自分たちで考え、企画立案し、執行し、その結果に責任をとっていく。その範囲が広がり、その程度が高まれば、それに応え得る職員が一人でも多く必要になる。自ら考えなければならない難しい仕事が増えれば、しかも仕事の量が増えれば、職場組織全体の仕事振りの水準を上げなければならなくなる。難しい仕事は、出来がよく、意欲もある少数の職員に任せ、残りの職員はそこそこに仕事をしていれば、何とかしのげるといった時代は終わりを告げたといってよいのです。

人口減少時代の地域を守り通す職員であれ

難題といえば、何といっても、人口減少にどのように立ち向かっていくかでしょう。第2講で人口減少時代の到来と地方創生施策について触れましたが、最後にもう一度述べておきたいことがあります。

日本の人口は、100年単位で見ると、1900（明治33）年には4、385万人でしたが、100年後の2000（平成12）年には1億2、693万人にまでなりました。日本は海に囲まれた島国であり、国土の約67％が森林です。この国土で1億2、000万以上の人びとを養うだけの食糧と資材と化石燃料はありませんでした。これだけの人口増加が可能であったのは、海外から、比較的安く、食料と資材と化石燃料を輸入できたからです。これによって特に戦後の高度成長が可能になり、日本は都市化・工業化を遂げました。資源の少ない狭い国土における人口圧力を国内で吸収できたのです。

しかし、日本は、札幌市から熊本市に至るまで大都市が林立する人口偏在列島になってしまいました。

明治以降の日本では、戦争中に学童疎開が行われ、戦後の引揚者の大半が田舎に住み着いた以外には、「向都離村《こうとりそん》」の動きが止まりませんでした。多くの人びとが「都会」に向かって「田舎」を離れていきました。一家をあげての「挙家離村《きょかりそん》」も珍しくありませんでした。この人口移動の中心は若い世代で、就学と就職の場を求めて、農山漁村から地域の中核都市へ、地方中枢都市へ、さらに大都市圏へ転出していったわけです。その間、農山漁村の消費生活の内容は、家電製品の普及、電話にテレビ、交通網の整備など都市の生活とあまり違いがなくなったのですが、それでも人口流出は続きました。

戦後、わが国では3期にわたり大きな人口移動が見られました。1960（昭和35）年から1973（昭和48）年（オイルショック）までと、1980（昭和55）年から1990（平成2）年（バブル崩壊）までと、2000年以降です。いずれも地方圏から3大都市圏（東京圏、関西圏、名古屋圏）へと流出しました。大都市への転入者の多くは県内移動が多くを占めるのですが、東京へは関東圏のみならず全国から転入が見られました。

若い世代が進学や就職を契機に、大都市に吸い寄せられ、しかも、出生数が減っていけば、地方圏の人口減少に歯止めがかからない状況が続いてしまう。地方圏の自治体では、若者の流出をできるだけ少なくし、Uターン、Iターンを増やす政策を打ち出す努力を行ってきましたが、苦戦というのが実情です。若者たちが生まれ育った故郷から教育や就職の機会を求めて他の地域へ出ていくことを無理にとどめることはできません。外へ出ていって大きく羽ばたきたいという若者の志は是とすべきですし、しかし、生まれ育った地域で生き抜きたいと思う若者の願いもかなえられてしかるべきですし、故郷へ戻ってくる若者・中高年を受け容れる条件も整えなければなりません。そのために地域における就業や起業の機会を確保・創出する必要があるのです。

ところで、2010（平成22）年に、日本人人口は1億2,638万人となっています。やや乱暴ですが、もし過去100年のペースで2100年まで単純に人口が増加するとしますと、なんと約3億7,500万人にもなるのです。こんなに膨大な人びとが資源の少ない狭い国土で豊かに安心して暮らすことができるでしょうか。とても、そうは思えません。海外から食糧を調達できる保証はありませんし、国内で吸収できない人口圧力が外に出ようとして、外国との緊張・軋轢が増すかもしれません。

政府の人口問題審議会は、1974（昭和49）年、地球規模の食糧問題や石油危機などを時代背景に、わが国の人口が20世紀末までに相当程度増加するとの予想を踏まえて、人口再生産力が損なわれる事態が危惧されるとし、「静止人口」（純再生率が1となり、人口が増加も減少もしない状態）になるのが望ましいとしました（「日本人口の動向―静止人口をめざして」）。

実際は、人口は静止せず、緩やかに増え続けました。ところが、「天の配剤」としか思えないのですが、２００８年をピークに日本人人口が減少し始めたのです。しかし、急減していくという予測です。国立社会保障・人口問題研究所の２０１２（平成24）年１月の推計では、総人口は、２０３０年（中位推計）に１億１、６６２万人、２０５０年に９、７０８万人、２０６０年に８、６７４万人、２１００年に４、９５９万人になるというのです。総人口が明治末期頃の規模に戻っていくのですね。しかも、１９００年当時５％程度であった高齢化率が、２１００年には40％程度まで上昇すると見られます。人口が急減していく中での超高齢社会の姿が浮かび上がってくるのです。年金、医療、介護・福祉などの社会保障制度はとてももたないでしょう。

　人口約１億２、８００万人を支えてきた経済・社会・政治・文化システムが今後も持続可能であるかどうか、大きな疑問と不安が募り始めました。今度は、急減し

図表　長期的な人口の推移と将来推計

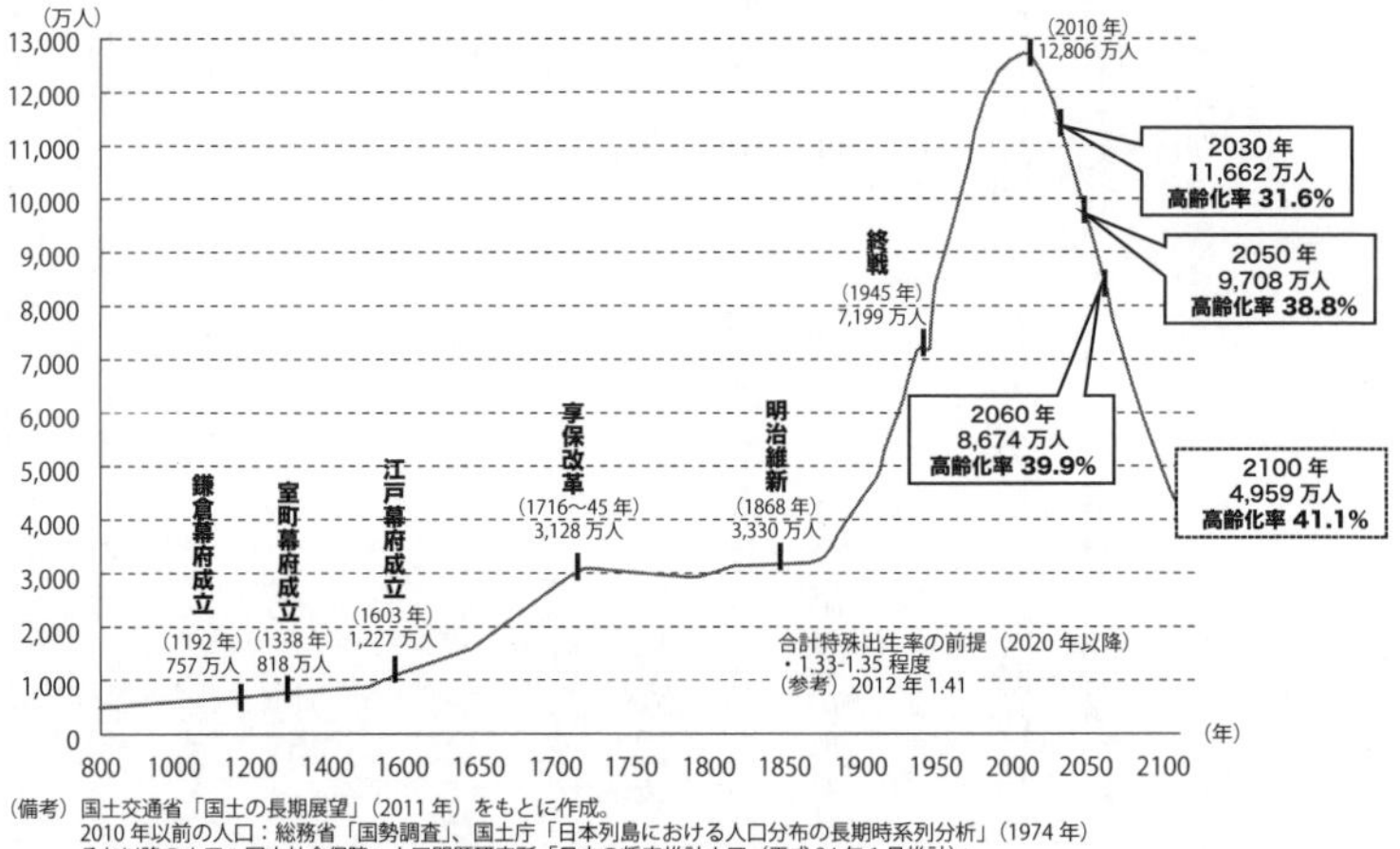

（備考）国土交通省「国土の長期展望」（2011 年）をもとに作成。
2010 年以前の人口：総務省「国勢調査」、国土庁「日本列島における人口分布の長期時系列分析」（1974 年）
それ以降の人口：国立社会保障・人口問題研究所「日本の将来推計人口（平成 24 年１月推計）」

出典：内閣府「選択する未来」委員会第２回会議資料（平成 26 年２月 14 日）

ていくことが危機だと捉えられ、人口減少に歯止めをかける政策が強調されることになりました。

日本では、1947（昭和22）年から1949（昭和24）年に第1次ベビーブームが起こりました。「団塊の世代」です。1949年には最高の出生数、269万6、638人を記録しました。その後、出生数は1957（昭和32）年まで減少し続けましたが、1958（昭和33）年から増加に転じました。1966（昭和41）年の「丙午《ひのえうま》」の年に出生数は136万974人まで落ち込みました。「丙午生まれの女は縁起が悪い」という迷信が効いたのでしょうか、妊娠を手控えたとしか思えません。ちなみに、私の長男は1967（昭和42）年生まれですが、「丙午」の年に生まれる予定でした。翌年から増加に転じ、1971（昭和46）年から1974（昭和49）年まで第2次ベビーブームを迎え、1973（昭和48）年には209万1、983人が生まれています。

しかし、これ以降、ほぼ一貫して減り続け、2013（平成25）年の出生数は最低の102万9、800人を記録しました。合計特殊出生率は、2005（平成17）年の1・26から2013年の1・43までやや回復したのですが、出生数は1970年代半ば以降減少傾向にあり、日本の人口減少には歯止めがかかっていないのです。第3次ベビーブームは起きず、第2次ベビーブーム世代は40歳代となり、このまま推移すれば、今後、子どもを持つ可能性のある若い世代の人口が減少していくことが確実であると見られているのです。

日本全体で人口減少に歯止めをかけることができるかどうかは、東京をはじめ、膨大な人口が集中し、しかし、出生率が低い大都市地域（日本人の5人に1人が指定都市で暮らしている）における若い世代が安心して結婚し子どもを産み、育てられるかどうかによっています。安定した仕事の確保もワークライフバランスの実現も必要です。その意味では、このたびの人口政策は大都市対策なのです。

そして、過度に人口が集中したことが出生率の低迷に結びついているのであれば、地方再生と「田園回帰」（「向村離都《こうそんりと》」）を確実に達成しなければ、この人口政策は成功しないといえます。これを、50年以上も持続させる必要があります。気の遠くなるような超長期政策ですが、始めたのであるから目途が立つまでは気を抜いてはならないのです。

地方再生と「田園回帰」（「向村離都」）の思想的根拠はどこにあるのでしょうか。私は、環境考古学者・安田喜憲《やすだよしのり》さん（立命館大学教授・環太平洋文明研究センター長）の「稲

図表　出生数、合計特殊出生率の推移

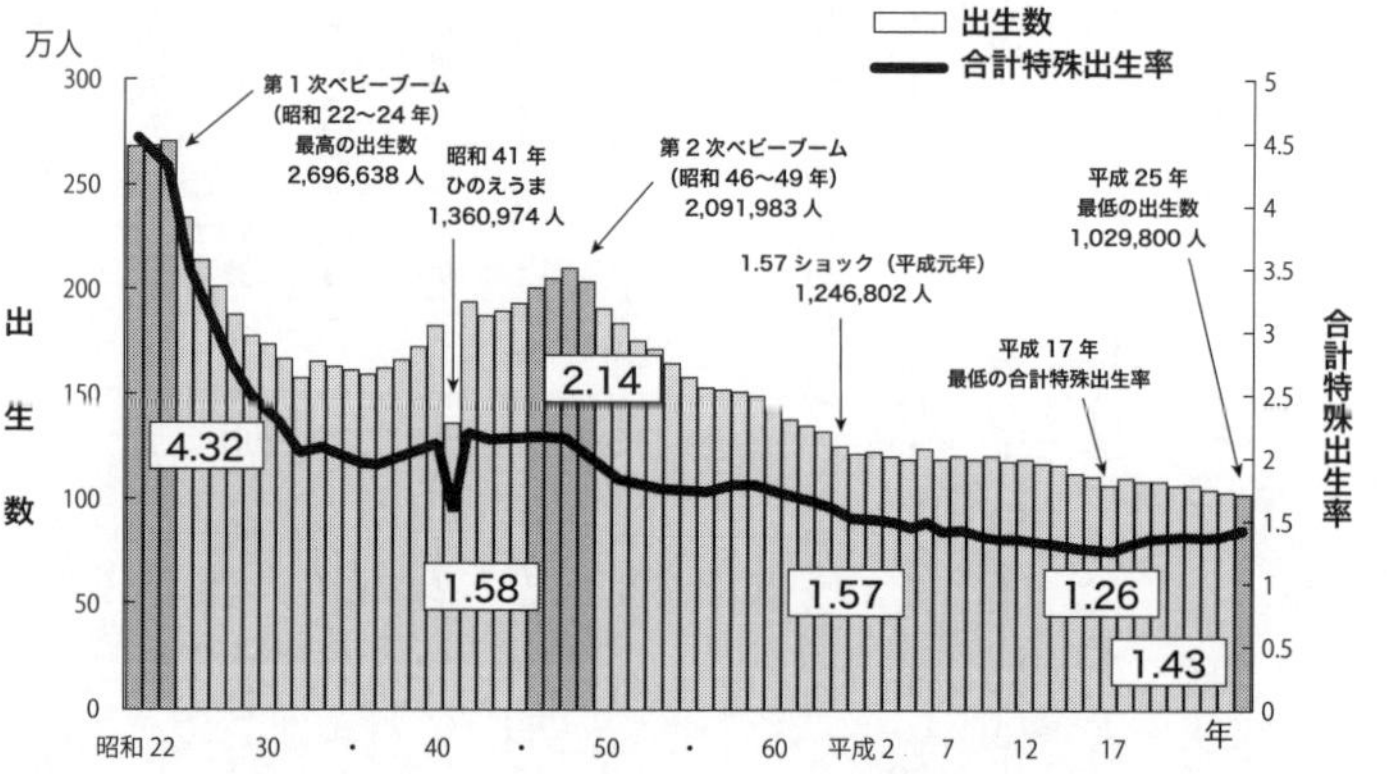

出典：厚生労働省「人口動態統計」（2013年は概数）

作漁撈《ぎょろう》文明」という独自の文明史観にヒントがあるのではないかと思います（『稲作漁撈文明』雄山閣、2009年）。安田さんは、ざっと、次のような見識を示しています。

古くから文明が発達した国では、過去に極端な森林伐採が行われた形跡が多く認められ、森を失った文明は多くの場合に衰滅している。日本で国土の約70％もの森林が残されているのは、森林が急峻な傾斜地にあることにもよるが、日本人が過去から現在に至るまで営々と森を守るための努力を続けてきたからである。里山は奥山と人間の間の「バッファゾーン」（緩衝地帯）として、生物多様性を維持するだけでなく、命の水の循環を維持する上で大きな役割を果たしている。森の栄養分を含んだ水は田畑を潤し、地表流れる川だけでなく地下水となって海底から湧き上がり、プランクトンを育て、海藻・珊瑚・魚を育てている。この森里海の水の循環系を維持することを基本にした自然との共生、人と人との信頼こそが日本人の生き方である。圧倒的に優位した都市文明に対して森里海の水の循環系を守り通そうとする暮らし方であると。

大都市住民の「田園回帰」は、森里海の水の循環系によって維持される暮らし方への希求ではないでしょうか。森里海の水の循環系を維持することを基本にした生き方を再生させるには、大都市で暮らす人びとが、農山漁村が衰退していけば大都市は滅びることを認識し、農山漁村との共生を揺るぎないものにすることです。物とサービスをほとんどすべてお金で買っている大都市での暮らしは、便利で快適かもしれませんが、本当は、他の人が提供し続ける物とサービスに全面的に依存しているという意味では脆弱なのです。仮にも、国際分業論（貿易相手国に比べて相対的に有利となる商品、つまり比較優位をもった商品の生産に特化すべきだという考え方）に基づいて農山漁村という兵站《へいたん》地域は「たたんでしまえ」といった言説に惑わされてはならないのです。そのためにも、大都市の職員は、率先して、農山漁村地域の職員との交流を図り、その出会いの中で、都市と農山漁村が対立の関係ではなく、共生の関係、足らざるを補い合う関係にあることを感得してほしいと思います。

一方、農山漁村地域の課題は「誇りの再生」ではないかと思います。農学・農山村政策学者の小田《おだ》切徳美《ぎりとくみ》さん（元東京大学大学院農学生命科学研究科助教授・現明治大学教授）が指摘していますように、農山漁村地域の疲弊、「人・土地・ムラ」の空洞化の背景には、より奥深い「誇りの空洞化」が起こっているのではないかと言います。それは、胸を張って自分の土地を誇ることができなくなっていることです。「こんなところに生まれた子どもたちは可哀想だ」とか「こんなところに人が残るはずがない」と言う人さえいるといいます。「こんなところ」意識が問題なのです。市町村の職員は、住民と共に、この「誇りの空洞化」と闘わなければならないのです。

「限界集落」と呼ばれている地区の多くは、下流の都市にとっては大切な「水源の里」です。山も森も川も、それを守っている市町村も、国民全体にとっては不可欠な「社会的共通資本」（経済学者・宇沢弘文《うざわひろふみ》さんの造語）であると見るべきです。そう考えるだけでも、自分たちの存在に胸を張ることができるはずです。過疎化が進み、子どもが減少し、若者が去り、年寄りが目立つ地域で、どうやって

「誇りの空洞化」を克服できるのか、難事ではありますが、そこに住む人びとが、豊かな自然との共生の中で、生き抜く、人生を全うする以外はないのではないでしょうか。

自分が、この土地で生きていることを、本当は気が進まない、やむを得ないと思っている限り、自分の子どもたちや他の若者たちを、その土地からの流出を食い止めることはできないのではないでしょうか。例えば、「お父さんもお母さんも、この土地が大好きで、ここで人生を終わりたい。おまえは、大きく成長するために外へ出てもいい。しかし、大きな人間になったら、この土地に戻ってきて、この土地を支えるような人間になってほしい。おそらく、人は、ここには就職口はないと言うだろう。でも、就職口がなかったら、自分で職をつくればいい」と言えるでしょうか。

特に小規模な市町村では、一方で、処理しなければならない事務が増え、他方で、職員定数は減る傾向にあり、仕事は大変になっています。しかし、失業がなく定年まで勤められる役場の職員を見る住民の目は厳しいのです。役場が「住民に役立つ所」として、その仕事振りを住民から納得でき、信頼できるものにしていくためには、小規模であるがゆえに少数精鋭のチームプレーの利点を生かし、困難を増す地域の住民生活を必死に支えなければならないのです。市町村で働く職員にも、住民と共に地域で生き抜く覚悟と能力の発揮が、すなわち「誇りの再生」が求められていると言えます。

総務省統計局に発表では2014（平成26）年11月1日現在（確定値）の総人口1億2，708万人（日本人人口1億2，541万人、外国人人口167万人）です。2060年に人口1億人を確保できたとしても、その間、日本人人口は２、５００万人以上減ることになります。人手不足が起き、各個人の生産性向上が推奨され、省力化のための機器が開発されていくでしょうが、生活水準・生活様式も見直しを迫られるでしょう。

最後に一言。地域で生きている住民は人口ではありません。人口は、言うまでもなく、ある人間集団の総体を指す概念であり、またその集団を構成する人間の総数を指す統計上の概念です。実際に存在しているのは生身の、かけがえのない個人としての住民です。自治体職員の皆さんは、これからの人口減少時代を生き抜いていかなければなりませんが、いつも忘れてはならないことは、この住民の尊厳の確保です。

長時間お付き合いいただいてありがとうございました。またお目にかかれるかも知れませんし、これで今生のお別れになるかもしれません。どうか、お元気で、自治体職員を全うしてください。

あとがき

本書は、大まかには、5回の集中講義を基に取りまとめたものですが、これを『自治体職員再論』と題した経緯について述べておきたいと思います。

私は、月刊誌『自治実務セミナー』(良書普及会)に、1984(昭和59)年4月号から1994(平成6)年5月号まで、ちょうど10年間、「自治体行政学入門」と銘打って、毎回400字で約16枚を書き続けました。この連載原稿に加筆訂正・再構成する形で、自治体行政学シリーズとして、1987(昭和62)年6月には『自治体行政学入門』を、また、1990(平成2)年7月には『自治行政と住民の「元気」』を、そして、1994(平成6)年11月には『自治体職員論』を、いずれも良書普及会から出版させていただきました。しかし、良書普及会が2003(平成15)年1月に解散したため、これら3冊は絶版になってしまいました。

「自治体行政学入門」連載の「初心」は、そのタイトルの通り、「自治体行政学」の確立にありました。それは、行政学を「国の行政」学と「自治体の行政」学に分け、それぞれに固有の問題領域を理論化しようとする試みと言えます。自治行政を国の行政にすっぽり包摂して捉えるような視座と方法では、逆に国の行政の特色も解明できないし、まして自治行政の実態を的確かつ正当に認識できないと考えました。

『自治体職員論』には、「能力・人事・研修」という副題がついていました。その本の「はじめに」で、「…、私の考えている自治体行政学は、現場で、あるいは現場から批判され、鍛え直されないかぎり、本物にはならないと思っている。現場の困難と豊かさから学ぼうとする姿勢のない自治行政の研究は、どこか空虚で説得力に乏しい。」と書きました。

2014（平成26）年8月に、九州大学大学院法学研究科准教授の嶋田暁文《しまだあきふみ》さんが『みんなが幸せになるための公務員の働き方』（学芸出版社）を出版されましたが、その「あとがき」に、「本書の執筆に際して、僕の頭から離れなかったのは、大森彌先生（東京大学名誉教授）の書かれた次の文章でした。」といわれて、右の文章を引用されているのです。私は、この本の「帯」に「『住民を幸せにし、自分も幸せにする仕事』はどういうもので、どうすれば可能になるか、具体的な処方箋を解き明かし、自治体職員論の新たな地平を拓いた。」という一文を寄せました。どうぞ、この嶋田先生の著作もご一読ください。

旧著の『自治体職員論―能力・人事・研修』は、「自治行政は人なり」ということの実態とその意味を検討しようとしたものでした。第1章　自治体職員の能力、第2章　職員と人事異動、第3章　職員研修の実態と改革、第4章　地域観と自治体職員、おわりに―地域を担う人材という構成でした。当時、全国の自治体では、政策形成能力とか人材開発の必要性が強調され始めていました。それ自体が自治体行政の新しい息吹を示していましたが、地域に根ざした政策の企画立案能力をいかに高め、そうした人材をいかに育てるかを考えると、必ずそれを阻害している個々の職員のあり方と同時に制度や運用の実態、すなわち内部管理のあり方が浮き彫りになってくると考えました。

その後、機会あるたびに、自治体職員に関する論考を草してきましたが、改めて自治体職員論を公刊する必要を感じていました。自治体学会の企画は、そのための機会を与えてくださいました。10時間集中講義をして、それをまとめて単行本にするというのはありがたい話でした。特に、代表運営委員の中島興世さんと事業部会長の發知和弘さんには大変お世話になりました。ただし、本書を『自治体職員再論』としましたのは、絶版になっているとはいえ既に『自治体職員論』と題する本を出版しているからです。自治体やその職員に関する基本的な見方はほぼ変わってはいないのですが、自治体やその職員を取り巻く環境の変化を考慮しなければなりませんから、内容を再検討する必要があります。「再論」とした理由です。

なお、私の場合は、講義の時に話した内容をそのまま書き言葉として出版するには、やや「脱線」気味の話しがあるため、講義録を起こして草稿にするという手順をとらず、講義メモを基に書き下ろすことにいたしました。したがって、現地で講義をお聴きになった方々からは、講義内容と違っているというご批判が出るかも知れません。講義の場の雰囲気で言い過ぎる癖があり、そのまま文字にして公刊するには無理があることが少なくないのです。ご理解、ご寛容ください。

集中講義が行われた5か所で、それぞれ準備と運営に当たってくださった職員の皆さんと、㈱ぎょうせいのご担当者に、心から感謝いたします。

2015年夏　大森　彌

資　料

①　大森彌巡回10時間集中セミナー開催概要

●東京

2013年9月21日・22日
会場：内田洋行新川本社ユビキタス
　　　協創広場CANVAS
　第1講　変化著しい自治体職員環境
　第2講　地域観と自治体職員
　第3講　自治体職員の能力
　　　　　懇親会
　第4講　職員と人事異動
　第5講　人材としての自治体職員
主催：自治体学会
参加者：81人

●京都市

2014年1月11日・12日
会場：キャンパスプラザ京都
　第1講　はじめに～自治体職員になるということ
　第2講　地方自治制度の変化
　第3講　地域観と自治体職員
　第4講　自治体職員の現場
　　　　　交流会
　第5講　自治体職員の職場
　第6講　自治体改革と職場
主催：自治立志塾 in Kyoto 実行委員会
　　　近畿自治体学会
共催：京都もやいなおしの会
後援：自治体学会
参加者：79人

●佐賀市

2014年3月1日・2日
会場：佐賀市民活動センター
　　　iスクエアビル5階
　第1講　はじめに、自治体職員になるということ
　第2講　地方自治制度の変化
　第3講　地域観と自治体職員
　　　　　意見交換会
　第4講　自治体職員の現場と職場
　第5講　自治体改革と職場
主催：自治立志塾in九州実行委員会
後援：自治体学会・佐賀県・佐賀市・佐賀県市長会・佐賀県町村会
参加者：58人

●青森県おいらせ町

2014年7月12日・13日
会場：おいらせ町みなくる館
　第1講　はじめに、自治体職員になるということ
　第2講　地方自治制度の変化
　第3講　地域観と自治体職員
　　　　　ワールドカフェ
　　　　　交流会
　　　　　鼎　談（大森先生らと課題解決のためのキャッチボール）
　第4講　自治体職員の現場と職場
　第5講　自治体改革と職場
主催：東北自治体学会
主管：おいらせ町・立志共学塾
後援：自治体学会、おいらせ町、青森県町村会、デーリー東北新聞社、
　　　東奥日報社、朝日新聞青森総局・仙台総局、河北新報社、他
参加者：54人

●島根県川本町

2015年1月11日・12日
会場：悠邑ふるさと会館　マルチホール
　第1講　はじめに　自治体職員になるということ
　第2講　地方自治制度の変化
　第3講　地域観と自治体職員
　　　　　交流会（“笹遊里”にて石見神楽を見ながら）
　第4講　自治体職員の現場と職場
　第5講　自治体改革と職場
主催：島根自治体学会
主管：川本町、自治体学会、川本町自治立志塾実行委員会
参加者：51人

② 大森彌巡回10時間集中セミナー講義資料

自治体職員論（レジュメ）

大森　彌

語彙（glossary）

序　自治体行政学と自治体職員論

第1講　自治体職員になるということ

法人、執行機関・議事機関（代表機関）の補助機関、能力実証主義、雇用保険法上の扱い、一般職（地方公務員法の適用）

第2講　地方自治の潮流

単一主権国家、普通と特別、二層制（基礎と広域）、地方分権改革の漸進、「平成の大合併」と「基礎自治体」、大都市制度（東京都特別区と道府県特別区）、連携協約・代替執行、「道州制推進基本法案」、改正地方公務員法、地方創生戦略計画

第3講　地域観と自治体職員

文化現象としての地域（自然・モノ・人・出来事）」、映画『生きる』、廣松傳、「臨床の知」（中村雄二郎）、「備品」としての職員、開放系としての地域、「まち・むら」、住民論

第4講　自治体職員の職場

○職場組織

組織（仕事と人の結合）、新規学卒者の一斉採用、所属、大部屋主義の組織、人事異動（配置・昇任・退職）

○職場環境

地方行革（定員削減と経費節減）、民間委託の進展、非正規職員の増大、ICT技術と事務処理、ワークライフバランス、人材育成基本方針と研修計画、人事評価制度

第5講　自治体職員の働き方

自治基本条例、職業人（上手・手早い・安い）、民主・能率・公平・「協働」、納得の行政、政策形成能力と政策法務能力、管理職（「人組は人の心組み」）、知人システム

- 「私は全国の自治体関係者に訴えたい。…プランニングには机はいらない。必要なのは足と目と、土地の人と対話する耳と口、そして何よりも土地の人の気持ちになりきる心である。」（廣松傳・水路再生事業をやり抜いた福岡県柳川市の職員）
- 「塔は木組み、木組みは木のくせ組み、木のくせ組みは人組み、人組みは人の心組み、工人の非を責めず、わが身の不徳を思うべし」（西岡常一・奈良斑鳩の里宮大工の棟梁）

索　引

【著者略歴】

大森　彌（おおもり・わたる）　1940年東京都生まれ。東京大学名誉教授、東大大学院博士課程修了。東大教養学部教授、学部長を経て、2000年東大停年後、千葉大学法経学部教授。05年定年退職。行政学・地方自治論を専攻。現在、地域活性化センター「全国地域リーダー養成塾」塾長、全国町村会「道州制と町村に関する研究会」座長、NPO地域ケア政策ネットワーク代表理事。近著に『変化に挑戦する自治体』『政権交代と自治の潮流』『官のシステム』『町村自治を護って』『自治体の長とそれを支える人びと』『介護保険制度史』（共編著）など。

自治体職員再論　～人口減少時代を生き抜く～

平成27年 8 月20日　第 1 刷発行
平成30年 4 月20日　第 7 刷発行

著　者　大森　彌
編集協力　自治体学会
発　行　株式会社ぎょうせい

〒136-8575　東京都江東区新木場1－18－11
電　話　編集　03-6892-6508
営業　03-6892-6666
フリーコール　0120-953-431
URL:https://gyosei.jp

〈検印省略〉

※乱丁、落丁本は、お取り替えいたします。
印刷　ぎょうせいデジタル㈱

ISBN978-4-324-10027-1
(5108173-00-000)
〔略号：職員論〕